税理士のための

財産の洗い出しに係る

相続人へのヒアリング

税理士法人タックスウェイズ

税理士 後藤 勇輝

税務経理協会

はじめに

　相続税に関わる一連の業務において、最も重要と位置づけられる業務は「事実の確認」です。被相続人の生前に遡り、家族にまつわる人的な事実、財産の内容など、遺産に関する事実の確認ができなければ、申告業務を適正に行うことができません。特に税理士が申告業務に際し行うべき「相続財産の洗い出し」は、税額算出の根幹業務であり、事実の確認を積み上げていく難易度の高いものです。

　相続人とのやりとりがうまくできずに正確に遺産を把握できなかった、相続人に相続財産の存在を気づかせるような聞き方ができなかった、相続人が相続財産を隠してしまうことを注意喚起できなかったなどの状況は生まれやすく、税理士が行う相続人に対するヒアリングには、かなりの技術が求められます。

　しかし、相続税申告の受託に際し、初めて扱う税理士や、申告の取扱いが多くない税理士及び相続業務従事者にとっては、「何を聞けばよいのか」、「どんな聞き方をすればよいのか」、「ヒアリング結果をどのように申告書に反映すればよいのか」、「何が漏れたらリスクなのか」など、わからない点が多くあります。

　そこで、本書では、相続税申告を受託する税理士がどのような心構えで、どのような流れで申告業務を進めていくと効率的で安全な申告ができるかを検討し、「事実の確認」を正確に積み上げる手法として、相続財産の洗い出しのためのヒアリング技法について、様々な側面から確認していきます。また、人の死に接する職業として、相続人にどのような心遣いをすべきか、相続人間の空気をどのように察知していくべきか、相続人への話し方や話の聞き方の心得を踏まえたコミュニケーションの取り方を、税理士の品位保持や職責と重ね合わせてみていきます。

　また、本書では、申告業務上の手順や注意すべき点なども考察していきますので、相続税業務を適切に履行するための財産確定マニュアルとしての活用もお勧めです。

　最後になりましたが、本書の刊行にあたりまして、企画段階からサポートいただきました税務経理協会編集部の中村謙一氏、編集部の皆様にこの場をお借りして心から感謝申し上げます。

2020年8月

税理士法人タックスウェイズ

後藤勇輝

Contents

第**4**章　　ヒアリング問答集

第**5**章　相続人の心をつかむ
　　　　　聞き方・話し方のテクニック

第 **1** 章

相続案件を扱うにあたっての
税理士としての心構え

　第1章では、これから相続税申告を扱おうとしている税理士向け
に、業務への心構えや相続人とのコミュニケーションの取り方、ヒ
アリングの重要性についてみていきます。

1 相続業務についての心構え及び留意点

① 相続人の視点から

　人の死に接することは心理的負担が大きいものです。その中で、亡くなった方が生前残したすべてのものについての手続きを行うことが突如降りかかってくるため、残された方々の不安はさらに大きなものとなります。また、想像がつかない法的手続きや税金についても、限られた期間の中でどのように進めていけばよいのかわからないと困惑することが通常です。

　そういった状況下で、相続税申告を中心に相続手続き全体をサポートすることが多い税理士は、相続人の立場に立った業務を履行することが求められます。相続人側からみれば、知識レベルに合わせた手続きの解説、平易な用語の使用、全体のスケジュール感や費用感の見通しが明快か、自分たちの事情を考慮し自宅へ来るなどの配慮をしてくれるかなど、税理士には一定レベルのサービス基準を求めています。

　業務全体の見通しができ、申告が正確で、対応が早く、報酬料金も明確で、適宜報告も行ってくれるといった標準的な業務はもちろんのこと、相続では、一家族のプライベートがさらけ出るため、そういうことを話していける安心感や口が固いことも大切な要素であると思います。

　相続人側からすると、人生において何度もあるシチュエーションではありません。大事な人を失った非常に辛い場面ですから、快い応対と正確な業務で余計な不安を生まないように寄り添ってくれることを税理士への期待として持っていると感じます。相続人にとっては、すべての相続関連業務をとりまとめて、様々な疑問に回答し、長期間にわたる相続業務を安心してゴールまで導いてくれる税理士は、ワンストップ型サービスとしてかなりの救世主なのです。

② 税理士の視点から

　相続案件を受けるに際し、相続人の視点からみると、税理士への期待は非常に

大きいものです。その裏返しで、税理士が相続案件を受託した場合には様々な注意が求められ、自己のレベルを把握しておく必要があります。

　税理士業務としてみれば、相続税の算定と申告ができればいいのかもしれません。しかし、相続には、民法による法律手続き、被相続人の状況、相続人間の利害関係の調整などがあり、そのすべての事実を確認していきます。税金計算はそれらの要素を決めないと試算も進まないため、おのずとその業務にも関わっていきます。さらに、ヒト・カミ・ジカン（人・紙・時間）の3つを管理し、10か月以内にゴールへと運ぶことも求められます。つまり、相続税申告を受託する場合には、税務知識、コミュニケーション能力、段取り力、書類管理能力、タイムスケジュール管理、現場力（観察力・対応力・洞察力）、気遣いの7つの能力を備えておくことが大切であると思います。

　しかし、案件を受託する場合は、上記のような心構えを持っていたとしても対応に苦慮することもあります。その原因は相続人の関係性、金額の大小、遺言の有無、争いになっているかなどで、その変数によって難易度が変わるため、受託に戸惑うこともあります。また、実際に業務を始めてみると、相続人間の問題で時間を要してしまった、税務以外の相談やお願いごとが増えたなどということもあるため、そうならないよう、受託の前に、きちんと提供できる業務と報酬体系を提示しておくことが必要です。また、弁護士など各分野の専門家のフォローできる範囲も確認をしておき、依頼者に報酬の見積もりと業務内容を検討してもらい、税務業務委託契約書を締結します。

　申告案件は、相続人間の紛争、財産の数、遺産規模、納税資金の不足といった事由がなければスムーズに進む業務でもあります。受託の際のヒアリングで業務量や難易度が判明するので、まずは相続の背景や予算を聞くことができれば判断ができます。

　資産税は業務リスクが他の税目に比べて高く、申告案件を受けることに戸惑う税理士も多くいるでしょう。しかし、税理士事務所で受託できる基準を設けておけば、リスクのある案件を避けることができますし、難度の高い案件は資産税専門の税理士法人がサポートしてくれるアウトソーシングも可能です。

　これからの高齢化社会では、案件は増加していく傾向にあります。財産規模が大きくなく財産項目が少ないミニ相続税申告に限定して受託するのもよいでしょ

う。税理士業務においてもこれだけ人に関われて、専門的知識を評価して頂ける業務はありません。相続人の不安や心配を見事に解消し、正確な申告代理を完了した後に、相続人から感謝を伝えて頂ける喜びも相続系税理士の醍醐味です。相続人の立場を踏まえて、温度のある税理士は評価されることが多く、とてもやりがいのあるものです。

③　相続案件を受けるにあたって

　税理士が相続案件を受けるにあたっては、時間と人とのストレスをなくさなければなりません。そして、申告を完了させるまで様々な事実と書類について確認をし、その元となる基本データを相続人から引き出さなければなりません。

　ヒアリングにおいて表面的なことばかりを聞いても、思ったような答えが返ってこないこともあります。その際に、どのような聞き方をすればよいのか、どのような言い方で説明するとよいのか、その相続人の個性に合わせた対応が求められます。相続人は税理士へ多大なる期待を寄せており、漠然とした不安から逃れて申告を早く終わりにしたいと考えています。その悩みに税務の専門家としてどのように役目を果たせるのでしょうか。

　申告件数や相談事例が少ないうちは、受けてしまっても責任を持ってできるのかどうか心配があると思います。しかし、行うべき税理士業務をきちんと行い、申告までの期間において相続人と誠実に向き合って懸命に業務を進めていけば、問題なく業務は完了します。そのうえで相続人の気持ちにどうやって応えるか。それを突き詰めていけば、技術や経験の差があっても、相続系税理士として力を発揮することができます。勇気を持って相続案件を受けてみてください。ホッとした相続人の顔を見て、感謝の言葉をもらうとやめられなくなりますよ。

相続系税理士の適正チェック項目

☐ 人の話を聞くことが好きである。

☐ 思ったことは顔に出ない方である。

☐ 話を簡単にしたり、たとえを使うのが得意である。

☐ やるべきことを整理し、簡潔に説明し、明確な指示が出せる。

☐ 自分のものも含め、他人の書類整理・進捗管理ができる。

☐ 期限設定と時間の見通しを付けるのが得意である。

☐ 相続人間の距離感や感情を観察し、うまく立ち回ることができる。

☐ 礼儀、態度、身だしなみ、言葉遣い、空気を読むことなどがきちんとできる。

☐ 相続税法以外の相続関係法（民法、不動産など）の勉強が好きである。

☐ 人の人生に関わることが好きである。

申告業務を安全に進めるための7つの能力

1. 税務知識
2. コミュニケーション能力
3. 段取り力
4. 書類管理能力
5. タイムスケジュール管理
6. 現場力（観察力・対応力・洞察力）
7. 気遣い

相続案件を受託するための心構え

1. 民法も含めた相続関連の法律知識を身に付ける。
2. 税務用語を平易な言葉で話し、相続税の試算は口頭で行う。
3. 自分のことを話したい衝動は捨ててしまう。
4. 争いごとに巻き込まれても動じない。
5. 被相続人の生涯財産のクローザーになる意識を持つ。

2 税理士業務における申告業務の流れ

① 受託後の流れについて

　税理士が相続案件を受ける際に、まず最初に判断することは、相続税の申告の有無です。この段階で、ある程度の財産を把握しており、申告が必要となってくるようでしたら、どのように遺産を分割するのか、遺言のとおりに進めるのかを相続人に伺い、おおまかに税額のあたりをつけてみます。もし、課税対象にならないことが判明したら、必要な相続手続きを明確にし、その業務を行ってくれる専門家を紹介します。また、税務署から送られてくる可能性がある「相続税の申告要否検討表」について説明をしておきます。

　最初の相談にて試算を行い申告をする必要が判明すれば、業務の範囲と報酬料金の見積もりを提示します。申告までの手続きのスケジュールが見通せていれば、依頼者の状況に合わせて、申告期限までの間にどのようなスピード感で進めたいかヒアリングをし、行うべき手続きとそれぞれの期限を提示し、必要書類をお知らせするようにします。不動産の相続登記がありそうでしたら、提携の司法書士から報酬見積もりなどを取り、登記に必要な必要書類も合わせてリスト化しておくとよいでしょう。

　なお、相続税に関しても、業務委託契約書を可能であれば各相続人と締結し、同時に税務代理権限証書（税理士法30条）にも押印をもらっておくことが望ましいです。場合によっては、相続人がそれぞれ別の税理士に委任することもあります。そのような場合はその税理士と連携を取ることができれば、申告の安全性が高まるため、可能な限りつないでもらうようにしましょう。

② スケジュール管理と相続人への報告

　業務が始まると、税理士と相続人間で、現在の「立ち位置確認」と「キャッチボール」を常時行っていくこととなります。例えば、事前の提示でそろえるべき書類を、いつまでにそろえるのか、それぞれ何部ずつの取得で、それを郵送して

【相続税申告業務の流れ】

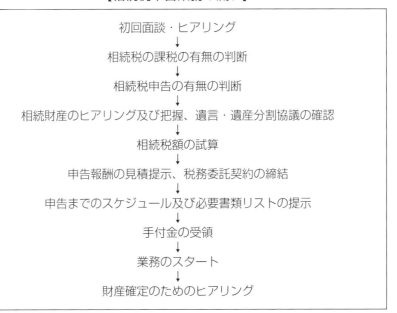

初回面談・ヒアリング
↓
相続税の課税の有無の判断
↓
相続税申告の有無の判断
↓
相続財産のヒアリング及び把握、遺言・遺産分割協議の確認
↓
相続税額の試算
↓
申告報酬の見積提示、税務委託契約の締結
↓
申告までのスケジュール及び必要書類リストの提示
↓
手付金の受領
↓
業務のスタート
↓
財産確定のためのヒアリング

もらうのか自宅へ伺った際にもらうのか、また、戸籍謄本や印鑑登録証明書については、原本なのか取得日の期限はあるのかなど、その業務（ボール）をどちらが持っているのか確認をしつつ、10か月後のゴールまでのロードマップにおいて現在どの位置にいるのか（立ち位置確認）を、それぞれのタスクの実行管理をしながら、税理士がコントローラーとして動かしていかなくてはなりません。相続税は期限管理が最重要です。事前にスケジュール表・必要書類の提示は、申告までの見通しをつけたうえで行わなければなりません。

　また、進捗管理と報告がその次に重要です。相続税業務において担当税理士をフォローしてくれるスタッフがいるような事務所は、期限管理と進捗管理について、クラウドツールなどを活用し見える化をしています。また、相続人は報告がないと不安になります。相続人が複数いるケースでは、報告手段を整備し、業務進捗の報告を適時に行っていく必要があります。電子メールやスマートフォンで応対してもらえる相続人も増えてきましたので、報告業務にも時間を要しなくなりました。こまめに業務の報告をし、余裕があれば自宅へ訪問し、相続人へ直接

の説明があってもよいと思います。会って話して気持ちが落ち着くこともあります。

【相続税申告までのモデルスケジュール　手続きについて】

	【相続手続】	【税務手続】
相続開始	・死亡届などの手続き ・保険などの各種手続き	・確定申告の有無の確認 ・死亡退職金や弔慰金の把握
1か月	・被相続人の戸籍謄本の取得 ・法定相続人の確認	
2か月	・遺言の有無の確認	・相続税発生の有無の検討 ・相続税の試算
3か月	・相続放棄などの手続期限	
4か月	・財産、債務、葬式費用の把握 ・預金などの残高証明書の依頼	・所得税、消費税の準確定申告期限
5か月		・相続税の再試算
6か月	・相続財産の確定（財産目録作成）	
7か月	・遺産分割協議書のドラフト作成	・納税方法の確認
8か月		・申告内容及び納税についての最終説明
9か月	・相続人への最終説明 ・遺産分割協議の署名、押印	
10か月	・各種名義変更 ・相続人間での費用などの精算	・申告書の最終チェック及び申告手続期限 ・相続人へ申告書控えの納品及びお預かりした資料の返却

　必要書類の準備は、銀行口座の解約・不動産の相続登記などの業務が生じるかを見通して、相続人に書類の取得を一度で済ませてもらうような工夫が必要です。書類が必要になるたびに五月雨式に取得を依頼することになると、相続人も疲弊してしまいます。司法書士などときちんと連携し、相続登記に必要な書類の名称と部数をきちんとお知らせします。税理士など相続の専門家は、職務上請求書という書面で、被相続人などの戸籍謄本を取得することができますが、それぞれの用途に限った部数のみの取得しかできませんので必要部数もしっかりとカウント

しておく必要があります。また、税務署へ申告書を提出する際に必要な添付書類があります。必ず提出する書類と提出をお願いしている書類とに分かれていますが、すべて集めておく方がよいです（次頁，国税庁「提出書類一覧表」参照）。

【相続税申告までのモデルスケジュール　ヒアリングと準備書類】

相続開始	【税理士のヒアリング】	【書類の準備】
1か月	・相続税の不安があるか ・相続手続き全般について ・相続人の確認	・死亡届 ・財産の一覧（大まかな） ・戸籍謄本や法定相続情報一覧図 ・生命保険の支払通知書
2か月		
3か月	・相続放棄をする者がいるか ・遺言はあったかどうか ・生前に確定申告はしていたか	・退職金、弔慰金の明細 ・相続放棄申述受理証明書 ・準確定申告の必要資料
4か月		
5か月	・遺産分割協議の必要があるか	・準確定申告書控え ・国税庁チェックシート ・預金などの残高証明書
6か月	・相続財産について網羅的なヒアリング	・不動産に関する資料 ・同族法人の決算資料
7か月	・財産の評価について	・贈与に関する資料 ・債務、葬儀費用の資料
8か月	・相続税と分割内容について	・相続税計算検討資料 ・相続税申告書控え及び参考資料
9か月	・確定した税額と納税について	
10か月	・申告書の押印と業務完了の手順 ※申告提出時期の設定によりこの欄のスケジュールは変わります。	

提 出 書 類 一 覧 表

1 税務署に提出する申告書等に必要となる本人確認書類

　マイナンバー（個人番号）を記載した相続税の申告書等を提出する際は、税務署で本人確認（番号確認と身元確認）を行うため、申告書に記載された各相続人等の本人確認書類の写しを添付していただく必要があります。

　なお、各相続人等のうち税務署の窓口で相続税の申告書を提出する方は、ご自身の本人確認書類の写しの添付に代えて、本人確認書類を提示していただいて構いません。

　おって、e-Taxにより申告手続を行う場合には、本人確認書類の提示又は写しの提出が不要です。

　（注）相続税の申告書は、令和元年10月1日以後、e-Taxを利用して提出（送信）することができます。

本人確認書類	写しの添付（✓）
マイナンバーカードをお持ちの方	
・マイナンバーカード（個人番号カード）	☐
（注）マイナンバーカードの表面で身元確認、裏面で番号確認を行いますので、本人確認書類として写しを添付していただく場合は、表面と裏面の両面の写しが必要となります。	
マイナンバーカードをお持ちでない方（①及び②の両方が必要となります。）	写しの添付（✓）
①以下の番号確認書類のうちいずれか1つ	☐
・通知カード　・住民票の写し（マイナンバーの記載があるもの）　など	
②以下の身元確認書類のうちいずれか1つ	☐
・運転免許証　・公的医療保険の被保険者証　・パスポート　・身体障害者手帳　・在留カード　など	

2 相続税の申告書に添付して提出する書類

相続税申告書に添付する書類	添付済（✓）	配偶者の税額軽減を受ける場合	相続時精算課税適用者がいる場合	農地等の納税猶予の特例を受ける場合	小規模宅地等の特例を受ける場合	特定計画山林の特例を受ける場合	特例のない場合	延納する場合
1 相続開始の日から10日を経過した日より後に作成された戸籍の謄本で、被相続人の全ての相続人を明らかにするもの（複写したものを含む。）、又は図形式の「法定相続情報一覧図の写し」で、子の続柄が実子若しくは養子のいずれであるかが分かるように記載されたもの（複写したものを含む。）※1	☐	◎					
2 相続開始の日以後に作成された被相続人及び相続時精算課税適用者の戸籍の附票の写し（複写したものを含む。）	☐		※2				
3 遺言書の写し又は遺産分割協議書の写し	☐	◎	○	◎	◎	◎	
4 相続人全員の印鑑証明書（遺産分割協議書に押印したもの）	☐	◎	○	◎	◎	◎	
5 申告期限後3年以内の分割見込書（申告期限内に遺産分割ができない場合）	☐	◎	○		◎	◎	
6 相続税の納税猶予に関する適格者証明書	☐	－	－	※3			
7 「特定貸付けに関する届出書」及び添付書類（特定貸付けを行っている場合）	☐	－	－	※4			
8 森林経営計画書の写し及び当該森林経営計画に係る認定書	☐					※5	
9 延納申請書	☐						◎
10 金銭納付を困難とする理由書	☐						◎
11 担保提供関係書類	☐			※6			※6 ◎

◎…………… 必ず提出していただく書類　　　○……… 提出をお願いしている書類

※1 「法定相続情報一覧図の写し」を提出する場合で被相続人に養子がいる場合には、その養子の戸籍の謄本又は抄本（複写したものを含む。）も必要になります。
※2 相続時精算課税の適用を受けた方が平成27年1月1日において20歳未満の者である場合には、適用を受けた方の戸籍の附票（複写したものを含む。）の提出は不要です。
※3 農地等のうち、平成3年1月1日現在において三大都市圏の特定市に所在するものがあるなど、特別な場合には他の書類も必要になります。
※4 下記【小規模宅地等の特例を受ける場合の提出書類】を参照してください。
※5 特定森林経営計画対象山林である特定計画山林について特例の適用を受ける場合に限ります。
※6 担保提供関係書類については、「相続税の申告のしかた」を参照してください。
（注）非上場株式等や山林等の農地以外の特例対象財産の納税猶予の特例の適用を受ける場合の提出書類等は、「相続税の申告のしかた」を参照してください。

【小規模宅地等の特例を受ける場合の提出書類】

相続税申告書に添付する書類	添付済（✓）	特定事業用宅地等	特定居住用宅地等 ※2 配偶者が取得	特定居住用宅地等 生計を一にする者が取得	特定居住用宅地等 相続開始前に被相続人と同居していなかった一定の親族（自己、自己の配偶者、自己の三親等内の親族又は自己と特別の関係がある一定の法人の所有する家屋に居住していない者）が取得	特定同族会社事業用宅地等	貸付事業用宅地等 ※3
1 ① 相続開始前3年以内に居住していた家屋が、自己、自己の配偶者、自己の三親等内の親族又は自己と特別の関係がある一定の法人の所有する家屋以外の家屋である旨を証する書類　② 相続開始時に自己の居住している家屋を相続開始前のいずれの時においても所有したことがないことを証する書類	☐	－	－	－	◎	－	－
2 遺言書の写し又は遺産分割協議書の写し	☐	◎	◎	◎	◎	◎	◎
3 相続人全員の印鑑証明書（遺産分割協議書に押印したもの）	☐	◎	◎	◎	◎	◎	◎
4 申告期限後3年以内の分割見込書（申告期限内に遺産分割ができない場合）	☐	◎	◎	◎	◎	◎	◎
5 総務大臣が交付した証明書	☐	※1 ◎	－	－	－	－	－
6 特定同族法人の発行済株式の総数又は出資金額及び被相続人等が有する当該法人の株式の総数又は出資の合計額を記した書類（当該法人が証明したもの）	☐	－	－	－	－	◎	－
7 特定同族法人に係る定款の写し	☐	－	－	－	－	◎	－

◎…………… 必ず提出していただく書類

※1 日本郵便株式会社に貸し付けられている一定の郵便局舎の敷地の用に供されている宅地等について特例を受ける場合に限ります。
※2 ① 被相続人が老人ホーム等に入居等をしていた場合等で特例を適用する者については、上記の書類のほか、被相続人の戸籍の附票の写し（相続開始の日以後に作成されたもの）（複写を含む。）、介護保険の被保険者証の写し等で要介護認定等を受けていたことを明らかにするものの入居等をしていた施設等の名称及び所在地並びにその老人ホーム等が特例の適用対象となる一定の施設等に該当することを明らかにする書類が必要になります。
　② 宅地等を取得する親族（配偶者を除く。）が個人番号（行政手続における特定の個人を識別するための番号の利用等に関する法律第2条第5項に規定する個人番号をいう。）を有しない場合には、当該親族の住所等を明らかにする書類等が必要となる場合がありますので、詳しくは税務署にお尋ねください。
※3 平成30年4月1日以後に新たに被相続人等の貸付事業の用に供された宅地等である場合には、被相続人等が相続開始の日まで3年を超えて特定貸付事業を行っていたことを明らかにする書類が必要になります。

③　相続税課税の有無の判断と財産把握の初動

　相続人が税理士に相続の相談をするにあたって最も関心のある事項は、相続税の負担があるかどうか、そして申告の必要があるかどうかです。生前に試算をしているケースもありますが、実際に相続が開始すると不安が生じるものです。まず、初回の面談で課税の有無をきちんと判断してあげることが重要です。相続税の課税の有無については、相続税の基礎控除額を基準として判断していくと思います。そのためには、法定相続人が何人なのかをヒアリングし、まずは基礎控除額を計算しましょう。ご存知のとおり、基礎控除額は、「3,000万円＋600万円×法定相続人の数」（令和２年現在）で計算されますので、１人なら3,600万円、２人なら4,200万円、３人なら4,800万円、４人なら5,400万円くらいまでは数字で覚えておきたいです。

　次に、相続財産の把握です。遺産の金額が基礎控除額を上回るか下回るかは、財産の大まかな金額がわからないと判断がつきません。相続財産が預金などの金融資産だけというような場合はすぐ判断ができますが、不動産を多く所有していたり、趣味で収集している金貨などがあるというようなときは、相談時に金額を算出するための元となる資料がないと大まかにも判断がつきません。そのため、評価が必要な財産や相続財産と判断しにくい財産があるかどうかを相談前にヒアリングしておき、元となる資料を事前に知らせてもらうか、持参してもらうように依頼しておきます。相続税申告が必要になった際には、財産について正確に把握する必要が出てきますから、当初の段階で財産の全容をリストアップしておける方法がよいかと思います。

　例えば、不動産であれば、固定資産税の納税通知書、登記簿謄本、名寄帳などです。金融資産であれば、直近の残高がわかる取引明細書や残高証明書、通帳に関しては相続開始直前まで動いていた口座のものはすべて持参してもらいましょう。相談の前に必要資料のリストを渡して相談を効率的に進めていきます。併せて、次ページの「申告要否の簡易判定シート」及び「相続税の申告要否検討表」も渡しましょう。要否検討表は、本来は税務署から相続人へ送付され相続人から提出するものですが、使いやすい書式ですので活用します。

【申告要否の簡易判定シート】

【相続税の申告要否検討表】

相続税の申告が必要？
～申告要否の簡易判定シート（平成27年分以降用）～

※ 当シートは、「相続税のあらまし」と併せてご利用ください。

1 法定相続人の数（基礎控除額）の確認

法定相続人の数を確認して、基礎控除額の計算を行います。

① 被相続人（亡くなられた人をいいます。）の配偶者はいますか。
いる場合は「1」を入力してください。

［半角数字］
☐

② 被相続人の配偶者以外の相続人の確認です。
該当する場合は人数を入力してください。

子供はいますか？	→ はい →	［半角数字］ ☐ 人

いいえ ↓

父母はいますか？ ※ 養父母も含みます。	→ はい →	［半角数字］ ☐ 人

いいえ ↓

兄弟姉妹はいますか？	→ はい →	［半角数字］ ☐ 人

「いいえ」の方はこちら

①と②の合計人数
（法定相続人の数）
☐ 人

Ⓐ 基礎控除額
3,000万円＋（600万円×法定相続人の数）
☐ 万円

・ 子供がいる場合の父母及び兄弟姉妹の人数、子供はいないが父母がいる場合の兄弟姉妹の人数は、入力しないでください。
・ 上記②の相続人が、被相続人が亡くなる前に既に亡くなっている場合や養子がいる場合については、「相続税のあらまし」でご確認ください。

2 相続財産及び債務等の確認

相続財産等の価額を入力してください。 ※ おおよその金額で結構です。

① 土地、建物、有価証券、預貯金、現金など
のほか、金銭に見積もることができる財産
［半角数字］ ☐ 万円

② 死亡に伴い支払われる生命保険金や
退職金（一定の金額までは非課税となります。）
［半角数字］ ☐ 万円

③ 被相続人から生前に贈与を受けた財産
（相続時精算課税適用財産・相続開始前3年以内に取得した暦年課税適用財産）
［半角数字］ ☐ 万円

④ 借入金などの債務、葬式費用
－ ［半角数字］ ☐ 万円

Ⓑ 課税価格の合計額
☐ 万円

3 申告要否の簡易判定

「Ⓑ 課税価格の合計額」から「Ⓐ 基礎控除額」を差し引きます。

Ⓑ ☐ 万円 － Ⓐ ☐ 万円 ＝ Ⓒ ☐ 万円

Ⓒの金額がプラスになる場合は、相続税の申告手続が必要となる場合があります。

相続税には各種特例（小規模宅地等の特例、配偶者の税額軽減（配偶者控除）など）があり、申告手続を行うことにより適用を受けることができます。

📞 税務署 この社会あなたの税がいきている

相 続 税 の 申 告 要 否 検 討 表

1	亡くなられた人の住所、氏名（フリガナ）、生年月日、亡くなられた日を記入してください。							

住所		氏名	（　　　　　　　　　　　　　　　）	生年月日	年　　月　　日
				亡くなられた日	年　　月　　日

2　亡くなられた人の職業及びお勤め先の名称を「亡くなる直前」と「それ以前（生前の主な職業）」に分けて具体的に記入してください。

亡 く な る 直 前：　　　　　　　　　　　　　　（お勤め先の名称：　　　　　　　　　　　）
それ以前（生前の主な職業）：　　　　　　　　　　（お勤め先の名称：　　　　　　　　　　　）

3　相続人は何人ですか。相続人の氏名、住所及び亡くなられた人との続柄を記入してください。

	相続人の氏名	フリガナ	相続人の住所	続柄
①				
②				
③				
④				
⑤				

（注）　相続を放棄された人がおられる場合には、その人も含めて記入してください。	相続人の数	Ⓐ	人

4　亡くなられた人や先代の名義の不動産がありましたら、土地、建物を区分して（面積は概算でも結構です。）記入してください。

	種　類	所　在　地	イ　面積(㎡)	ロ　路線価等 （注1，2）	ハ　倍率 （注2）	ニ　評価額の概算 （注3）
①						万円
②						万円
③						万円
④						万円

（注）1　ロ欄は、土地について路線価が定められている地域は路線価を記入し、路線価が定められていない地域は固定資産税評価額を記入してください。また、建物は固定資産税評価額を記入してください。	合計額	Ⓑ	万円

　　　　2　土地に係るロ欄の路線価又はハ欄の倍率は、国税庁ホームページ【www.rosenka.nta.go.jp】で確認することができます。なお、路線価図は千円単位で表示されています。また、建物に係るハ欄の倍率は1.0倍です。
　　　　3　ニ欄は、次により算出された金額を記入してください。
　　　　　《ロ欄に路線価を記入した場合》ロの金額×イの面積(㎡)
　　　　　《ロ欄に固定資産税評価額を記入した場合》ロの金額×ハの倍率（建物は1.0倍）

5　亡くなられた人の株式、公社債、投資信託等がありましたら記入してください（亡くなった日現在の状況について記入してください。）。

	銘　柄　等	数量(株，口)	金　額		銘　柄　等	数量(株，口)	金　額
①			万円	④			万円
②			万円	⑤			万円
③			万円			合計額 Ⓒ	万円

6　亡くなられた人の預貯金・現金について記入してください（亡くなった日現在の状況について記入してください。）。

	預入先（支店名を含む）	金　額		預入先（支店名を含む）	金　額
①		万円	④		万円
②		万円	（現金）		万円
③		万円		合計額 Ⓓ	万円

7 相続人などが受け取られた生命（損害）保険金や死亡退職金について記入してください。

生命保険金等	保険会社等		金　額	死亡退職金	支払会社等		金　額
	①		イ　　　万円		①		ハ　　　万円
	②		ロ　　　万円		②		ニ　　　万円

（注）　生命（損害）保険金や死亡退職金は一定額が非課税となりますので、次により計算します。※赤字のときはゼロ	ホ＋ヘの金額
生命保険金等：（イ＋ロの金額＿＿＿万円）－（Ⓐの人数＿＿＿人×500万円）＝ホ＿＿＿万円 死亡退職金　：（ハ＋ニの金額＿＿＿万円）－（Ⓐの人数＿＿＿人×500万円）＝ヘ＿＿＿万円	Ⓔ　　　万円

8 亡くなられた人の財産で、上記4から7以外の財産（家庭用財産、自動車、貸付金、書画・骨とうなど）について記入してください。

財産の種類	数量等	金　額	財産の種類	数量等	金　額
①		万円	③		万円
②		万円	合計額	Ⓕ	万円

9 亡くなられた人から、相続時精算課税を適用した財産の贈与を受けた人がおられる場合に、その財産について記入してください。

贈与を受けた人の氏名	財産の種類	金　額	贈与を受けた人の氏名	財産の種類	金　額
①		万円	③		万円
②		万円	合計額	Ⓖ	万円

10 亡くなられた人から、亡くなる前3年以内に、上記9以外の財産の贈与を受けた人がおられる場合に、その財産について記入してください。

贈与を受けた人の氏名	財産の種類	金　額	贈与を受けた人の氏名	財産の種類	金　額
①		万円	③		万円
②		万円	合計額	Ⓗ	万円

11 亡くなられた人の借入金や未納となっている税金などの債務について記入してください。また、葬式費用について記入してください。

借入先など債権者の住所・所在と氏名・名称	金　額		金　額
①	万円	③　葬式費用の概算	万円
②	万円	合計額　Ⓘ	万円

12 相続税の申告書の提出が必要かどうかについて検討します。（概算によるものですので、詳細については税務署にお尋ねください。）

Ⓑの金額	万円	（Ⓙ－Ⓘ）の金額 ※赤字のときはゼロ　Ⓚ	万円
Ⓒの金額	万円	（Ⓚ＋Ⓗ）の金額　Ⓛ	万円
Ⓓの金額	万円	基礎控除額の計算　　Ⓜ 3,000万円 ＋（Ⓐ＿＿＿人 × 600万円）＝＿＿＿万円	
Ⓔの金額	万円	（Ⓛ－Ⓜ）の金額　Ⓝ	万円
Ⓕの金額	万円	**Ⓝの金額 《黒字である場合》相続税の申告が必要です。** **《赤字である場合》相続税の申告は不要です。**	
Ⓖの金額	万円	※　あくまでも概算による結果ですので、Ⓛの金額とⓂの金額の差が小さい場合には、申告の要否について更に検討する必要があります。 ※　国税庁ホームページ【www.nta.go.jp】には、相続税に関する具体的な計算方法や申告の手続などの詳しい情報を記載した「相続税の申告のしかた」を掲載しておりますのでご利用ください。	
Ⓑ からⒼの合計額	Ⓙ　　　万円		

＿＿＿＿＿年＿＿月＿＿日

住　所＿＿＿＿＿＿＿＿＿＿＿＿＿＿＿＿＿＿＿＿＿

氏　名＿＿＿＿＿＿＿＿＿＿＿＿　電話番号＿＿＿＿＿＿＿

作成税理士の氏名、事務所所在地、電話番号

（※）　相続税の申告が不要な場合には、この「相続税の申告要否検討表」を税務署に提出してください。

【注意】　この「相続税の申告要否検討表」は、相続税の申告書ではありません。

相談時に持参してもらう書類リスト

- ☐ 被相続人の銀行口座の通帳
- ☐ 証券会社などの取引明細書
- ☐ 固定資産税等の課税明細書部分（納税通知書のみでは把握できません）
- ☐ 生命保険金の支払通知書など
- ☐ 不動産所得などあれば直近の確定申告書、決算書
- ☐ 住宅ローンや事業ローンの明細
- ☐ ご葬儀費用の明細
- ☐ 生前贈与に関する書類
- ☐ 亡くなった方の略歴等（国税様式）
- ☐ 申告要否の簡易判定シート（国税庁）
- ☐ 相続税の申告のためのチェックシート（国税庁）

国税庁ホームページの相続税申告要否判定コーナー

国税庁 NATIONAL TAX AGENCY

相続税の申告要否判定コーナー　　　　　　入力例・FAQ等

トップ画面 ▶ 推奨環境等 ▶ 法定相続人の数の入力 ▶ 相続財産等の入力 ▶ 申告要否判定 ▶ 警告事項 ▶ 印刷・終了

トップ画面（判定開始）

相続税の申告要否判定コーナーは、

- ◆ 相続財産の金額などを入力することにより、相続税の申告のおおその要否を判定するものです。
- ◆ 相続税の申告書を作成するものではありませんので、ご注意ください。
- ◆ 税務署から相続についてのお尋ねが届いた方が、税務署への回答を作成する場合にも利用することができます。
- ◆ 小規模宅地等の特例（特定居住用宅地等）及び配偶者の税額軽減（配偶者控除）を適用した場合の税額計算シミュレーションを行うことができます。

　　この税額計算シミュレーションは、あくまで税額の目安を示すものですので、正確な税額については、相続税の申告書を用いて計算してください。詳しくはこちらをご覧ください。

ご利用ガイド

相続税の申告要否判定コーナーをご利用の前に必ずお読みください。

- ・ ご利用になれない方
- ・ 入力に当たって参考となる書類
- ・ お知らせ
- ・ データの保存・読込

相続税に関するご相談について

税理士をお探しの方へ

Web-TAX-TVはこちら
当コーナーの利用方法を動画で説明しています。

判定を始める方はこちら

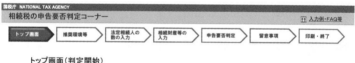

スタート

保存したデータの読込みはこちら

保存データ読込

お問い合わせ｜個人情報保護方針｜利用規約　　　　　Copyright(c) NATIONAL TAX AGENCY A

亡くなってどのくらい時間が経ってから相続税の話をするのがよい？

　一般的に四十九日を過ぎてからと言われているようですが、相続人のリクエストに合わせていきます。亡くなってから間もないうちにお金の話や税金の話をするのは不謹慎かとも思いますよね。

　しかし、中にはいち早く整理して落ち着きたいという相続人の方もいらっしゃいます。財産の把握状況や書類の整備状況にもよりますが、遺産分割協議に時間を要しなければ、早く進めることは難しいことではありませんので、自分の業務コントロールとの兼ね合いで可能なタイムスケジュールを立てて提案します。

　一方で、相続人が全国津々浦々にいたり、会社のオーナー社長であったような場合は、時間を要することが多いと思います。

　このような場合や、奥様だけが相続人で、さらに高齢であるようなときは、拙速に進めることなく、ゆったりと余裕をみて、段取りを行っていくようにしています。

　相続人に負担のないように、かつ業務完了が期限間際とならないようというところでしょうか。

3　国税庁統計による申告実務の実態と相続税業務のリスク

　ここでは、相続税申告に関する国税庁のデータを拾いながら相続案件の規模イメージをみていきます。また、税理士として活躍できる資産税分野という業務範囲について、取り扱う場合に検討しておくべきポイントとそのリスクについて確認しておきます。

①　相続税の申告事績について

　まず最初に、相続税申告に関する数値についてみていきます。令和元年12月に国税庁から公表された報道発表資料、「平成30年分の相続税の申告事績の概要」によると、平成30年（平成30年1月1日〜平成30年12月31日）に亡くなった被相続人から相続などにより財産を取得した方に係る相続税の申告状況は、下記のとおりまとめられています。

【相続税の申告事績】

項　目	年 分 等	平成29年分 ^(注1)	平成30年分 ^(注2)	対前年比
①	被相続人数（死亡者数）^(注3)	人 1,340,397	人 1,362,470	％ 101.6
②	相続税の申告書の提出に係る被相続人数	人 外32,153 111,728	人 外33,140 116,341	％ 外103.1 104.1
③	課税割合（②/①）	％ 8.3	％ 8.5	ポイント 0.2
④	相続税の納税者である相続人数	人 249,576	人 258,498	人 103.6
⑤	課税価格 ^(注4)	億円 外16,535 155,884	億円 外17,362 162,360	％ 外105.0 104.2
⑥	税額	億円 20,185	億円 21,087	％ 104.5

項　目 ＼ 年 分 等			平成29年分 [注1]	平成30年分 [注2]	対前年比
⑦	被相続人1人当たり	課税価格 [注4] （⑤/②）	万円 外5,143 13,952	万円 外5,239 13,956	％ 外101.9 100.0
⑧		税額 （⑥/②）	万円 1,807	万円 1,813	％ 100.3

(注) 1　平成29年分は、平成30年10月31日までに提出された申告書（修正申告書を除く。）データに基づき作成している。

2　平成30年分は、令和元年10月31日までに提出された申告書（修正申告書を除く。）データに基づき作成している。

3　「被相続人数（死亡者数）」は、厚生労働省政策統括官（統計・情報政策担当）「人口動態統計」のデータに基づく。

4　「課税価格」は、相続財産価額に相続時精算課税適用財産価額を加え、被相続人の債務・葬式費用を控除し、さらに相続開始前3年以内の被相続人から相続人等への生前贈与財産価額を加えたものである。

5　各年分とも、本書は相続税額のある申告書に係る計数を示し、外書は相続税額のない申告書に係る計数を示す。

　この統計は、全国の申告状況をまとめたものです。相続税申告状況は、各国税局管内から発表されており、毎年12月頃に前年度分の統計を公表しています。これらは国税庁ホームページに公開されており、ホームページのトップページから、「国税庁等について＞組織（国税局・税務署等）＞各国税局」とリンクを進めて、「報道発表・統計」のページに他税目の申告状況などとともに各年度分がアップされています。

　相続案件の少ない税理士には馴染みのない統計データですが、課税される人の割合（8.5％）、被相続人1人当たりの課税価格（13,956万円）、税額（1,813万円）及び対前年比との数字は覚えておきたいところです。

　次に、直近10年間の数字の推移です。ここでは、相続税申告のトレンドを把握することができます。被相続人全体の数は右肩上がりで増加していますが、平成27年分より課税対象被相続人数や課税割合も上昇しています。これは、基礎控除額の改正があったため、相続税増税とされたことが要因となっています。

　同じように、「相続税の課税価格及び税額の推移」においても同様の傾向がみられます。

【被相続人の推移】

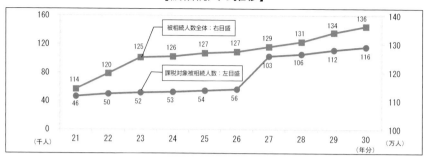

【課税割合の推移】

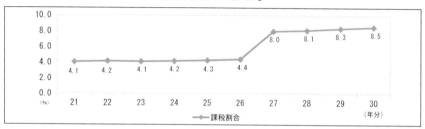

【相続税の課税価格及び税額の推移】

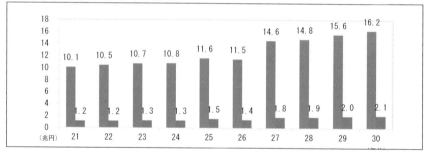

（注）1 「課税価格」は、相続財産価額に相続時精算課税適用財産価額を加え、被相続人
の債務・葬式費用を控除し、相続開始前3年以内の被相続人から相続人等への生
前贈与財産価額を加えたものである。
2 上記の計数は、相続税額のある申告書（修正申告書を除く。）データに基づいて
作成している。

　最後に下記の表とグラフですが、相続財産額と財産の構成比を分析しています。
表をみれば土地と現金貯預金の金額が大きいことがわかります。グラフでは、財
産構成比が、土地・現金預貯金等・有価証券・その他・家屋という順でになって

いることがわかります。年々、土地の割合が減り現金預貯金が増えている傾向に
あるといえます。

　被相続人の増加と課税対象の割合が高くなってきていることは、相続税申告に
ついての税理士のニーズが増えていることと連動してきていますね。

【相続財産の金額の推移】

(単位：億円)

項目 年分	土地	家屋	有価証券	現金・預 貯金等	その他	合計
平成21年	54,938	6,059	13,889	26,670	12,071	110,593
22	55,332	6,591	13,889	26,670	12,071	114,555
23	53,781	6,716	15,209	28,531	12,806	117,043
24	53,699	6,232	14,351	29,988	12,978	117,248
25	52,073	6,494	20,676	32,548	13,536	125,326
26	51,469	6,732	18,966	33,054	13,865	124,086
27	59,400	8,343	23,368	47,996	17,256	156,362
28	60,359	8,716	22,817	49,426	17,345	158,663
29	60,960	9,040	25,404	52,836	18,688	166,928
30	60,818	9,147	27,733	55,890	19,591	173,179

【相続財産の金額の構成比の推移】

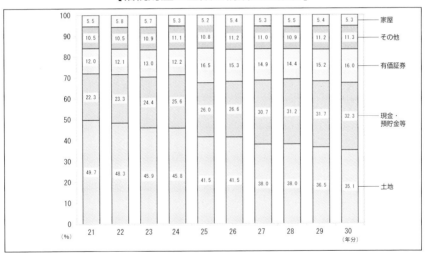

　(注)　上記の計数は、相続税額のある申告書（修正申告書を除く。）データに基づき作成している。

　これらのデータから読めることは、相続に関わる業務についてはこれから増加
傾向にあるということです。法律や税金に関する業務についても、高齢者にとっ

て煩わしい手続き業務などをサポートしていく専門家には、大きな役割が期待されていると感じます。税理士としては、税務の専門家として使命を持って業務に励まなければなりませんが、すべての分野をフォローできるわけではありません。

　相続税申告は、税理士の中でも得意不得意が分かれる業務です。法人の税務顧問をしている税理士が、オーナー企業の創業者などの相続税申告を受けることも多いようですが、ほとんどのケースで遺言の整備もあり、相続財産も対策が施されているシンプルな状態で、相続手続きや税法の取扱いも比較的難しくないものが大半であるため、何となく相続税申告業務をこなしてしまっているようです。しかし、年に数回程度の申告書作成では、知識のアップデートや業務の整備について準備が万全という状態とはいえません。そのような状況の中、断りきれずに相続税申告を受託することはリスクを内在させることとなります。では、どのような条件で相続税申告案件の受託を増やしていくべきでしょうか。以降で特有のポイントやリスクをみていきます。

②　相続税申告特有のポイント

　相続税申告のポイントは、民法上の手続き（遺言、遺産分割協議、遺留分、相続放棄など）、税法上の手続き（財産評価、小規模宅地の評価減、申告書作成など）、その他の手続き（銀行口座の解約、不動産の登記案内、不動産の整理など）の3つに整理できるかと思います。受託する際に、この3つのポイントからそのリスクをしっかりと把握し、どこまでのリスクを受容できるかを判断することが最も重要だと感じます。

　申告業務をスタートさせる前に、遺産分割協議が整わない、小規模宅地の特例の判断が判然としない、相続人が不明である、成年後見の手続きが必要となってくる、遺産が把握しきれないほど多いなどの状況を見極めて、受託や協業の有無などを判断することが望まれます。そのためには、上記3つの手続きについての専門性と経験を増やしておくことが不可欠だと思います。

③　相続税業務のリスク

　近年の相続税関係の税理士損害賠償事例をみると、遺産が未分割であることについてのやむを得ない事由がある旨の承認申請書の提出失念、更正の請求の期限

徒過、小規模宅地の特例適用誤りなど、相続税申告に固有の事故例が多くなっています。特に、民法上の手続きと税金計算がクロスする相続税申告の進め方は一筋縄にはいきません。

　これから相続税申告を始めて取扱いを拡大していくにあたっては、受託基準と業務を遂行していくための体制を作り、リスクをしっかり押さえたうえで受託する税理士の心構えが必要になります。

相続税申告特有のポイント

- ・民法の手続と相続税法の手続きがクロスします。
- ・遺言や遺産分割協議の内容により税額が決まります。
- ・分割が決まらない場合でも申告と納税が必要となります。
- ・申告までに多くの関係者とコミュニケーションを取ることになります。
- ・税務分野外の専門家と協業が必要な場合があります。
- ・収集する資料が多数あります。
- ・相続人が複数の場合は、特例選択や税額負担においてバランスをとることが求められます。
- ・民法上の手続き＋税法上の手続き＋その他の手続きを、争いを起こさずに、期限内に申告し納税するまでを完了することが求められます。

税理士が負う相続税業務のリスク

- ・評価方法や特例選択の誤り
- ・未分割の場合の対処不足
- ・相続財産の漏れや評価金額の誤り
- ・名義預金などの扱い
- ・遺産分割争いなどの相続人間に関するトラブル

　相続人とのトラブルは、業務報酬、業務内容、ヒアリング内容、書類準備、財産の把握と税額の大小などが原因で起きることが多いため、契約書の締結、業務内容の報告などの事務報告などの記録を整備することが望ましいです。

4 相続人とのコミュニケーションは多種多様

相続税申告業務においてのリスクは前述したとおりですが、業務を完全に履行するには、業務の委託者であり協力者である相続人の力を借りなければなりません。しかし、相続人には様々な方がいます。ここでは、毎回違う環境下でいかに業務を安定させ、相続人とコミュニケーションを取れるかについてクローズアップします。

① 相続人とのコミュニケーションの取り方

相続案件においては、対人関係の構築は非常に重要なポイントです。相続人とのやりとりがきちんと行えないとなると、必要書類の取得ができなかったり、期限内に申告が完了できないことが想定されます。円滑な申告業務を進めていくうえで、税理士から相続人へのコミュニケーションの取り方に工夫が必要です。受託から申告期限までの時間的余裕と相続人のペースを考慮して、スケジュールや書類整備のコントロールを税理士側でプラン構築して行く方が安全に進めていけると思います。

相続人は私たちと同様に、年齢、性別、背景、時間的な都合、仕事の進め方、報告や相談の形など、それぞれに特性があります。それらを把握して、相続人と税理士の進め方がマッチするコミュニケーション方法の構築を案件ごとに進めていきます。ではどのような工夫をしていくのか、相続人のタイプごとの特性を把握して円滑な業務の進め方については、第3章において詳しくみていきます。

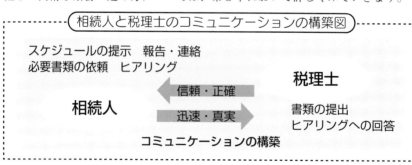

②　安全な申告業務遂行のためのコミュニケーション

　税理士が相続税申告を取り扱うためには、様々な相続人の特性を把握して備えておく必要があることがわかります。その中でも、相続人とのコミュニケーションの取り方はキーポイントとなります。法律どおりの税額計算ができても、必要書類を定型通りに依頼したとしても、コミュニケーションが成り立っていなければ、申告業務が最後まで安全に進めていけるかわからないでしょう。では、どのようなコミュニケーションを取りながら進めていけばよいのでしょうか。

　それは、相続人の立場に立ち、同じ目線で専門的なサポートができるかどうかにかかっています。税理士が専門用語を振りかざして高圧的な物言いをせずに、相手がわかる言葉遣いや態度で接すること、一般企業では当たり前の接遇ですが、税理士業界にも少しずつ根付いてきています。

　また、相続人のタイプに合わせて応対することで、引き出せなかった情報や、相続人が思いもしなかったような財産や事実を把握できることも出てくるようになると思います。法律知識の習得、税務業務のリスクヘッジも大切ですが、安全な申告業務を遂行するためには、相続人をよく知り、相続人のコミュニケーションレベルを把握したうえで、税理士が相続人のコミュニケーションに合わせていく業務の進め方が必要なのだと思います。

5 ヒアリング力は適正な申告に必要な要素

① 相続人は何をすべきかわからない

　相続税申告を受託すると、税理士の職務としては適正な納税義務の履行を果たすことが求められます。申告期限までの10か月間というタイトなスケジュールに沿って、遺産分割協議の進行の確認、書類の取得状況、財産の確認、財産の評価、税額の試算、申告書の作成と進めていきます。相続人は大切な人を亡くして気持ちも落ち着かない状態であり、漠然とした税金負担の不安も出てきます。そんな中で、相続人は何をすべきかがわからない状態でいることが多いのです。相続人が負担する相続税が発生するのか、申告をする必要があるのかどうか。そのすべきことの切り分けをするのが税理士の役割だと思います。

　そして相続税の申告の必要が出てくると、相続人は更なる不安を抱えますので、申告完了までの流れについて、どのように進めていくのか具体的に、かつ、見える化して手順を示していくことも求められてきます。

　無駄のない納税と適正な申告を履行するために、被相続人の遺産について事実確認により漏れなく把握し、相続人が納得できるような財産の確定をすることになります。

　次に、税負担の効率化を図るような評価や特例の選択などの税務技術が求められます。特に、相続税の発生の有無を決定づける財産の確定、期限までに適正な申告を行うためのスケジュール管理の2つが相続税を扱う税理士の乗り越えるべき大きな壁となります。税法の選択により受けられる税の優遇措置についても提案が必要となるため、相続人に理解してもらわなければなりませんし、税法以外の原因で起きる想定外のトラブルにも対応していく能力が求められます。

　このように税理士の役割は、相続全体の手続きを把握しつつ、税負担を効率化し、相続人に無駄な税負担のないよう期限内での申告を実践していくところにあります。悲しみの直後に暗中模索する相続人が向かう方向にきちんと明かりを照らして、相続手続きを完了させて最後まで一緒に歩んでいくのが税理士に求めら

れている役目です。

②　被相続人の財産は自然には判明しない

　相続案件を受託して、相続財産の把握をするために相続人を訪ねた際に、被相続人の財産について、ある程度リストアップしてまとめておいてもらえるケースと、何をどうすればよいか教えてくださいと言われる2つのケースに分かれることが多い気がします。これらは、事前に財産調べについての具体的なお願いをしないために生じることなのですが、財産の全容把握を相続人主導で進めていくと必ず漏れがでます。財産の確認漏れは、次の3つの場合に生じることが多くあります。

・相続人が相続財産として扱うものであると知らない場合
　（名義預金、貴金属など）
・相続人が意図的に財産を知らせない場合
　（タンス預金、タンス株など）
・相続人が想定しえない財産がある場合
　（仮想通貨、自社株など）

　いずれのケースの財産も、税理士の立場からすると、課税の懸念を考慮してヒアリングすべき財産項目です。チェックシートに従い、財産保有のヒアリングを行ってもらったとしても、このような視点がなければ見落としてしまいます。被相続人や相続人の背景にある事情を読んで、洞察力を発揮して聞き出さなけばならないときもあるので、相続人の状況から判断して臨機応変に突っ込んで聞くべきかどうか検討します。相続税の申告を適正に行うには、被相続人の財産についてすべての把握が不可欠ですが、申告に必要な財産はきれいには表に出てきません。税理士自身が、引き出して掘り出す努力が必要なのです。

③　相続人から情報を引き出すためのヒアリング力

　では、相続人からどのように情報を引き出すのでしょうか。ただ相続人に聞き続ければいいというわけではありません。相続人のタイプによっても、すぐ理解して行動に移す方や、納得するまでじっくり時間をかけて考えて動く方など、様々

なタイプに分かれます。聞き方によっては、相続人の気分を害してしまい以後の
やりとりがぎくしゃくしてしまったり、税務調査のようなトーンで聞いてしまい
恐怖感を与えてしまったりするなど、ヒアリングするという行為は大変に慎重に
ならざるを得ません。

　申告業務を適正に行い、相続税を無駄なく納めることが最終目的ですから、財
産の把握の段階でつまずかないように、財産のヒアリングは、拾うべき財産項目
及び相続人のタイプに合わせて効率よく行いたいところです。質問の仕方を工夫
することで、被相続人の情報はほとんど引き出せると思います。

第 **2** 章

相続人へのヒアリングの
基本的な流れ

　第2章では、相続人へのヒアリングにおけるやりとりで留意すべき点について、チェックリストなどを作成し、財産のヒアリングの流れについてみていきます。

1 　面談時の注意点

①　まずは税理士の業務を知ってもらう

　相続税申告業務を進めていくためには、相続人と実際に会って確認すべきことが多くあり、被相続人に関係する方々の協力がなければ申告書を作成することができません。そのため最初に、担当する税理士の人となりなどを知ってもらい、相続税申告の業務内容の説明や税理士事務所のフォロー体制や特徴などを伝えて、報酬の見積もりを出します。そして業務内容、報酬金額、相続人との相性などの検討を終え、申告受託になれば、相続人の本人確認や業務委託契約書の締結、税務代理権限証書への押印、手付金の受領などを進めて、正式に業務がスタートします。

　最初の面談において、早くスタートしたいと手続きを急ぎたがる相続人もいますが、この段階での面談は、お互いのことを理解するうえで重要な時間であると考えますので焦らずに進めていきます。業務が始まってから、業務範囲を超えるようなリクエストがあったり、相続人間で争いが起きて報酬の支払いが困難になったりと、相続人と信頼を築けていないとトラブルにもなります。どのようなことを、どのように、どのくらいの期間で、いくらで行うのかをお互いに明確にしておきましょう。

②　自宅へ訪問する意味

　初回の相談時に、相続人が税理士事務所に来ることで業務開始となることも多いのですが、まずご自宅へお伺いすることもあります。相続人が高齢であったり、無理が利かない身体の状況であったりと理由は様々ですが、財産把握の最初のステップとして、ご自宅を拝見しておく方がよいという理由もあります。

　特に、相続人が被相続人と同居していた場合は、自宅にある遺産や資料で確認できるものがあったり、不動産などについても実際に見ることができるため、小規模宅地特例の適用判断や不動産賃貸事業の程度などについての判断材料が入手

できます。フットワークの軽い税理士である印象を与えることもできますし、現場や実物を確認できる絶好のタイミングですから、視察も含めて、まずは自宅訪問をすることをお勧めします。

③ 面談にあたり留意すべき点

次に、面談に際し注意すべき点です。当然のことですが、相続税の検討がある家庭ということになりますと、一般的には生活水準が高めであるケースが多くなります。そのような方々は、礼節を重んじ、各界の一流の方々との交流を持っているようなことも多く、人を見る目が肥えているように感じます。コミュニケーションにおいても応対や言葉遣いに丁寧な印象を受けることが多いです。

一方で、担当する税理士についても、この人は信頼できる人なのかと判断されていることもしばしば感じます。「人は見かけで判断するな」といわれますが、相続の仕事では、特にそういった人間として出てくる部分を見定められ、きちんと仕事を進めてくれるのかどうかを見られると思います。面談の第一印象において、話すトーン、表情、外見、対応の仕方で、信頼ある人物かどうかある程度判断されてしまうのではないかと思います。

私見を述べれば、「人は見かけで判断するな。しかし、人は見かけで判断する。」と思っています。可能な限り、税理士自身の身なり、清潔感、服装、靴の扱いなどに気を配っておくことで、特に年配の方には人となりを知ってもらえる気がします。また、相続人とお話をする際においても、笑顔、姿勢、話すトーン、聴き方まで配慮したコミュニケーションを心がけておくことで、見かけだけではなく、内面もしっかり伝わります。

また、自宅へ伺うとお茶を出してもらったり、お茶菓子をもらったりすることもあり、食べ方などの作法も見えてしまいます。普段から習慣づけておかないと、ついつい素の部分が出てしまいます。お茶をいただいたら、ごちそうさまと伝える。お茶菓子が美味しかったら、どちらの銘菓ですかと尋ねてみる。小さなきっかけでお互いを知る機会にもなりますので、面談はとても貴重な時間です。そして、女性の相続人だけというような場合もあり、税理士側でも女性が同行して対応する方がコミュニケーションが潤滑に進むケースが多いように思います。

面談の対策としては、接遇・マナーなどの研修を受けておくことも効果的です

が、類似した状況下で経験値を持っているプロの保険セールスマンが実践している内容などを取り入れてみてもよいでしょう。

2　被相続人について確認すべきこと

　被相続人についての情報は、遺産については当然のことですが、生前の状況など、様々な項目につきヒアリングしなくてはなりません。それは、相続財産を確定するうえで不可欠なプロセスであり、亡くなるまでの財産形成についての根拠を拾っていくような作業となります。

　内容としては、生い立ち、亡くなるまでの話、お住まいや従事されていた仕事の変遷、不動産保有の経緯、趣味、収集コレクションなどについて確認する必要があります。また、被相続人がパソコンの利用やIT活用に得意であったかについてもフォローしておくとよいでしょう。近年のデジタル時代の相続シーンでは、思わぬ隠れた財産が出てくることが増えてきました。

①　被相続人の生い立ち・亡くなるまでの話

　当然ではありますが、被相続人から直接話を聞くことはできないため、相続人が伝え聞いてきた話などから探っていくことで、被相続人の人生を追いかけてみます。配偶者やお子様がいらっしゃるときは、30年～40年前くらいからの経緯は追うことができますので、どういうお仕事であったのか、趣味はどのようなことをされていたか、転勤があったか、老後の生活はどうされていたか、亡くなった状況、病気や入院などの有無、介護保険や高額医療費の利用も把握しておき、相続直前の医療費負担や生活費の水準などを推測します。後に、預金通帳の入出金と現金の整合性や債務の有無などにも関わってくるため、被相続人の人生の再現イメージとともにお金の流れのイメージもつかめんで財産形成の骨格を固めます。

　この際に注意したいのは、相続財産を把握したいことが前面に出すぎてしまい、対応が事務的、詰問のようになって、相続人の感情を害することがあります。コツとしては、思い出話に花を咲かせるような雰囲気で面談を進めることです。面談を進めていくうえで税理士との信頼関係が結べるようになれば、相続人も心を開いてくれ、話してくれる幅も広がります。ただ聞き出すという感じではなく、

良好なコミュニケーションから関係性を構築し、自然に話してもらう感覚になればよいと思います。

②　住まい・仕事・不動産所有の変遷

住まいや住所、仕事の内容については、所得や財産形成を知るうえで最も重要なポイントですので、後に説明する被相続人の略歴書についての記入内容を基にヒアリングを進めていくとよいでしょう。ヒアリング項目としては、下記のものが挙げられます。

・出身・育った場所

・転居など住所の変遷

・不動産保有の有無や時期

・海外での生活があったか

・最終学歴・職歴

・仕事は会社員なのかオーナー企業の経営者なのか

・勤務時の役職・年収など

・どのような生活水準であったのか

これらをヒアリングすることで、実家が地主の家柄で育った、農家の長男で出身地に山を持っているなどの生活の背景がわかり、不動産についても、土地を代々相続で受け継いできた、戦後から借地であって底地を買い取った、ある時期に土地を交換しているなどの保有経緯も確認できます。

また、海外生活があった場合は、会社員として駐在していたならば、駐在国の年金支給や銀行口座の有無も気になるところです。仕事については、会社員であったならば、どういう仕事でどのような役職に就いていたのか、そして退職された時期、年収水準、退職金の有無についてもヒアリングが必要です。被相続人がオーナー企業の経営者であった場合は、設立や事業の経緯、株主構成や現在の経営状態など、わかる範囲で聞きますが、法人の財産状態と合わせて確認し、株式などを相続財産として見落とすことがないように注意が必要です。

③　趣味・収集コレクション

　生前の趣味は、直接は財産につながるものではありませんが、その過程で保有することになった物が相続財産になることがあります。わかりやすいものですと、車や時計、アクセサリーなどの貴金属が挙げられます。車や時計は、相場があるもので希少価値のあるものも少なくなく、購入時よりも値が上がっていることもあるため、その後の財産評価にもつながっていきます。

　また、収集コレクションでは、絵画、掛け軸、金貨、古銭、切手などがあり、これらもその価値を判断することになるため、正確に把握しておくことが望ましいです。可能であれば、撮影やリスト作成の許可をもらい、漏らさないようにします。

④　パソコン・インターネット活用

　これは、2つの目的があります。1つ目の目的は、相続財産の有無の確認です。近年では、通帳をペーパーレスとする銀行口座もあり、財産調査時に紙ベースで把握できないこともあります。また、残高証明の発行の手続きについても、どの金融機関のどのようなサービスを利用していたかわからないと残高もわからず申告漏れを起こす可能性があります。代表的なものはFX（外国為替証拠金取引）や電子マネー、暗号資産（仮想通貨）などがあります。

　航空会社のマイレージについては、被相続人のマイレージの権利を相続人が承継できる場合と、一身専属のものとして承継できない場合があるようです。日系の航空会社では、手続きを行えば法定相続人が相続できるとされています。欧米系の航空会社では死亡とともに権利は消滅すると規定されているところが多いようです。被相続人が生前に海外出張が多かったり、マイレージについて詳しく、上手に活用していたような場合は注意が必要です。相続財産として承継ができるのであれば、相続税の対象にもなるため、評価の問題が出てくるでしょう。クレジットカードなどのポイントについても、各社の規約により承継できるものとできないものがあり、相続財産として活用できるかどうかのアドバイスに役立ちますのでしっかり把握しておきましょう。

　2つ目の目的は、サブスクリプションサービスなどの課金サービスの把握です。

投資信託などの存在を知らず解約しないままでいると、信託報酬などの手数料を毎月課金されることになります。また、近年のクラウド型サービスの普及により、月額課金で契約しているものは解約するまでの手続きに苦慮するものが多いようです。生前にデジタル系財産の扱いについては対策をしておいてもらい、なるべく把握しておくことが求められてきます。

3 相続人へ質問をすべきこと

　被相続人についての情報は、上記のとおりヒアリングしていきますが、相続人本人にも被相続人の財産に関わったことについてヒアリングができると、さらに背景をあぶりだすことができます。

　まずは、被相続人の財産形成にどれくらい関わっていたかという点です。亡くなる直前に、体調の状態などから資産の管理を長男がしていたようなケースや、同居親族が生活費の引き出しとして被相続人の口座から相続人へ定期的な支出をしているようなケース、贈与契約の確認が取れないものの一方的に相続人への贈与として預金引き出しがあるケースなど、様々な理由により被相続人の関知しないところで財産が減少していることがあります。

　このような場合に税理士が相続人に質問すべきことは、いわゆる名義預金と判断されやすいもの、生前贈与とみなされやすいもの、税金逃れをしたと誤認されやすい金銭の動きについての3つです。また、生前に特定の親族へ多額の財産が移っている場合は、遺産分割時などにおいて他の親族へ露呈することでトラブルが生まれることがあるため、その経緯を事前に把握しておき、遺産分割協議までにどのように扱うかを相続人と協議しておかなければならないときもあります。

　次に、贈与関係の話を深掘りしてヒアリングを行っておきます。相続開始3年以内の贈与以外に、お子さんやお孫さんなどにも贈与していることもあります。近年では、生命保険料の負担を贈与したキャッシュで充当するという"贈与プラン"といった方式も相続案件で多く見受けられるようになってきましたので、生命保険料の贈与があったかも聞いておくべきです。

　さらに、お子さんやお孫さんが自宅を所有しているケースは、ある程度の割合で被相続人から住宅取得のための資金供与が行われています。この場合は、住宅取得資金の非課税制度または相続時精算課税制度の検討の有無を確認し、申告手続きを把握します。これらの手続きが確認できない場合は、どのように対処するのかを検討する必要が出てきます。ヒアリングを進めていった結果、貸付金扱いになっていたというようなこともあるようです。被相続人の財産に相続人が関

わっていたり、相続人に多額の金銭が渡されているような履歴があるようでした
ら、その金銭の扱いがきちんと整理されているかを確認しておかないと、相続財
産に含めるのか、贈与税の扱いなのか判断に困ってしまいます。

4 被相続人の略歴やヒアリング時の記録をまとめる

　税理士が、被相続人について上記で述べてきたようなヒアリングを行う場合には、引き出した情報をヒアリングシートにまとめておく必要があります。被相続人の財産を確定するうえでは、生前の仕事や居住の経緯などの略歴を聞くことが必要です。それらは略歴書や概要書にまとめておき、出生から亡くなるまでの資産形成の経緯について把握することで、亡くなった時点の遺産総額の金額とのバランスを図るときに活用できます。略歴書や概要書は、それぞれ相続税申告業務のベースとなる情報を記入できるように自身で作成するとよいでしょう。筆者は、国税ベースの略歴書と自作の概要シートを利用しています。

　略歴書は、出身地・最終学歴・職歴・住所の移転状況・入院期間・病名・病院名・死亡原因・死亡場所を記載することができます。このシートでは社会に出てからの履歴を追いかけるように、古い順に記載していきます。職歴の欄では、仕事の状態から所得感をイメージします。住所の移転状況では、不動産取得の経緯や転勤、海外駐在も把握できます。入院期間では、医療費の負担の検討や被相続人が仕事ができず自由に動けなかった時期がわかり、資産の減少などを想定します。

　概要書は、相続の基本譲渡と財産についてのヒアリングの内容をまとめておけるシートで、大まかな財産の一覧と趣味などパーソナルな情報も把握できるものとなっています。

【被相続人の略歴】

お亡くなりになられた方の略歴等（国税様式）

	被相続人の氏名	

出身地	都 ・ 道 府 ・ 県	市 ・ 区 町 ・ 村
最終学歴	明 治 ・ 大 正 昭 和 ・ 平 成	年　　月　　　　　　卒業・中退

	年　月　日	職業（勤務先）・地位（役職等）
職歴等（直前↓旧）	平　成 昭　和　　年 月 日	
	平　成 昭　和　　年 月 日	
	平　成 昭　和　　年 月 日	
	平　成 昭　和　　年 月 日	
	平　成 昭　和　　年 月 日	
	平　成 昭　和　　年 月 日	

	前　住　所 　年　月〜　年　月	
住所の移転状況	前々住所 　年　月〜　年　月	
	上記以前の住所 　年　月〜　年　月	

入院期間	年 月 日〜 年 月 日	病名		病院名	
	年 月 日〜 年 月 日	病名		病院名	

死亡原因 （病名等）		死亡場所	

※　上記につきましては、分かる範囲でご記載ください。

【相続人に関する基本情報】

被相続人に関する概要

氏　　名	最後の住所		住民票の住所
			最後の住所・他住所
相続開始日	戸籍の住所		電　話　番　号
			（　　　）-　　　-
申告期限	出生地		遺言の有無
			無・自筆・公証・他
所轄税務署	目標提出期限	相続税納付の有無	デジタル財産の有無
税務署		有・無	有・無

被相続人の所得・財産に関する概要

所得関係	給与所得・事業所得		
	不動産賃貸		
	配当		
	その他（国外）		
銀行・証券関係	銀行　　支店	証券　　支店	端株
	銀行　　支店	証券　　支店	
	銀行　　支店	証券　　支店	
	信金　　支店	貸金庫　　　銀行　　　　　　支店	タンス株
	信金　　支店	貸金庫　　　銀行　　　　　　支店	
	信金　　支店		
不動産保有	自宅		
	不動産賃貸		
	会員権他		
	その他（国外）		
パーソナル情報	趣味・収集		
	有料老人ホーム入居		
	生前贈与/精算課税/住宅		
	タンス預金/名義預金		

被相続人の債務・その他に関する概要

債務/葬式費用	ローン/借入金		
	税金		
	未払金		
	葬式費用		
みなし相続財産	生命保険		
	退職金/弔慰金		
	生命保険契約		
	その他		

5 事前情報を基にした ヒアリングリスト

　ここまで説明してきたヒアリングの基本的な事項をまとめ、次のようなカテゴリーごとにチェックリストを作成しておけば、それぞれのタイミングで活用でき、ヒアリングの漏れが少なくなるかと思います。

① 初回面談前のチェックリスト

　初回の面談時において、相続税申告業務をうまく説明できなかったり、事前に聞いていたNGワードをうっかり伝えてしまって場が凍り付いたなど、いろいろな失敗談をお持ちの方も多いことでしょう。また、社会のマナーとしてどのように接するのがよいのかわからなかったこともあると思います。

　このチェックリストは、面談当日に安心して対応ができるように、事前準備のためのセルフチェックリストになっています。筆者も初回の面談において、業務の流れや報酬、今後の動き方についてスマートに説明できなかった失敗があります。その当時は相続人の皆様に不安を与えてしまうことが多かったように思います。このチェックリストを活用して、有意義な初回面談にしてください。

面談前のセルフチェックリスト

- ☐ 相続税の基本的なガイドブックや案内を用意したか
- ☐ 業務のスケジュール表を作成、持参しているか（人数分）
- ☐ 必要書類の一覧表を作成、持参しているか
- ☐ 受託する業務の範囲、料金表、見積書を作成、持参しているか
- ☐ 業務委託契約書のひな型を持参しているか
- ☐ 身だしなみは清潔感があるか（髪、服装、靴、靴下、靴ベラ等）
- ☐ 遺族に合わせたヒアリングリストを精査しているか
- ☐ 紹介者などから聞いた被相続人や相続人の情報を整理したか
- ☐ 聞いてはいけないこと、話してはいけないことは把握できているか
- ☐ 面談場所までのルート、所要時間を確認したか

- □ 供花やお線香などを手配する必要があるか
- □ 遺言がないことを事前に把握できていれば、分割協議などへ話を運ぶためのトークのシミュレーションができているか

②　財産ヒアリング時のチェックリスト

　次に、業務委託後に、被相続人の財産ヒアリングを行う際のチェックリストです。これは被相続人の財産についてのヒアリングリストですので、前掲の被相続人の略歴書と概要書を記載する際に活用すると効果的です。

　被相続人についてのヒアリングは、相続税の対象とする財産を洗い出すために最も重要な業務ですので、聞き漏れのないようにします。被相続人やご家族の状況によっては、当てはまらない項目や失礼になってしまう項目もありますので、カスタマイズして利用してください。

面談時の被相続人に関するヒアリングリスト

- □ 生い立ちや職業について、亡くなるまでの経緯
- □ 家族や親族との仲やお付き合いの程度がどうだったか
- □ どのような性格の方であったか（几帳面、大らかなど）
- □ 病気や介護があったならその状況や期間
- □ 遺言や言付けのようなものはあったか
- □ 居住環境と不動産の保有の有無と変遷（海外居住の有無）
- □ 財産の管理状況はどうなっていたか
- □ 生活水準を把握できるようなトーク（車保有、生活環境など）
- □ 趣味や収集コレクション（ホームページ、SNS、ブログ）
- □ パソコンやインターネットの利用は日常的であったか
- □ 人付き合いはどのようなタイプであったか（金銭の貸し借り等）
- □ 実家や親族の有無（資産のあるお家柄か）
- □ 被相続人が相続にて取得した財産があるか（相続税申告の有無）
- □ 所得税確定申告の有無（財産債務調書などの提出）
- □ 銀行の通帳を見せてもらえるか（貸金庫、預金引き出し、贈与）
- □ 葬儀はどのようにとり行われたか（お布施、御香典、参列規模）
- □ 住宅ローンなどの借入れはあったか（他の債務も聞き出すために）

③　相続人に関するヒアリングリスト

　相続人本人についての事項、または相続人から被相続人についてヒアリングする際に、留意するべき項目をリスト化しています。相続財産を固めるためには、相続人から被相続人の情報を引き出すことと、相続人自身が被相続人の生活と財産形成にどのように関わっていたかなどの情報を得ることも重要です。

```
┌─────────〈 相続人に関するヒアリングリスト 〉─────────┐
│                                                        │
│  □　被相続人と同居したり、生活の面倒をみていたか      │
│  □　被相続人の財産を管理するような立場にいたか        │
│  □　相続人の仕事や財産形成はどのような経緯であったか  │
│  □　分割協議が必要な場合は、相続人それぞれの役割は何か│
│  □　被相続人から相続人へ贈与はあったのか              │
│  □　贈与は相続人へバランスよくされていたか            │
│                                                        │
└────────────────────────────────────────────────────────┘
```

④　自宅等に訪問した際のチェックリスト

　このチェックリストは、初回面談時や財産ヒアリング時に自宅へ伺うときに確認しておくべき事項をまとめたものです。相続業務は、現場に行かないとわからないことがたくさんあります。不動産はその最たるものですし、被相続人の生活環境を見ることは、紙面上で進める相続財産評価においてもリアリティを感じることで数字にも表れてきます。

　また、財産評価においても、土地の利用状況の確認や地積測量なども行うことができて、相続税申告業務の時間短縮にもつながります。ほんの一部ですが活用してみてください。

```
┌───────────〈 自宅訪問時のチェックリスト 〉───────────┐
│                                                        │
│  □　被相続人の住まいであった形跡は確認できるか        │
│  □　美術品などの収集があれば、写真を撮らせてもらえるか│
│  □　同居している親族の生活の実態はどのようであったか  │
│  □　仏壇などへお線香をあげさせていただいたか          │
│  □　被相続人が利用していたパソコンは使える状態であったか│
│                                                        │
└────────────────────────────────────────────────────────┘
```

自宅訪問時の不動産に関するチェックリスト

- □ 登記簿の面積や測量図どおりの大きさがありそうだったか
- □ 前面道路の接道や私道について確認したか
- □ 建物や土地について評価で必要な部分の写真を撮ったか
- □ 評価減の要因となる高低差やがけ地などを確認したか
- □ アパートなどの収益物件は、空室があったか

ちょっとした会話から財産が1億円増えた話

　知り合いで相続が発生したのでと、ある男性が筆者に紹介されました。財産も多くなく、シンプルな相続ですのでと言われつつ、閑静な住宅街にある自宅へ伺いました。奥ゆかしい感じの奥様とその男性（息子さんでした）の2人が相続人で、財産は自宅不動産と残高の少ない銀行預金しかないとのことで、一通りヒアリングを終えました。

　しかし、被相続人であるお父様の生前のことを伺っていると、パソコンに精通しているような口ぶりでした。念のためと思い、「財産の管理をエクセルで行ったり、インターネット証券会社などで投資を行ったりされていましたか？」と聞いてみたところ、「ないとは思いますよ。そこまでできる感じはないと思うんですよね。父は。」と息子さんのコメント。その当時は、ネットバンクやネット証券が活用され始めた頃でしたので、まあそうかなと思っていました。とはいえ、「でも、電子メールのIDとパスワードは残してくれたので、見るだけ見てみますね」と言ってくれ、息子さんに調査を託して1週間後。なんと、ネットバンクとネット証券に口座があることがわかり、残高証明を取得してみると1億円近くあることがわかりました。

　当初は、相続税申告は必要となるけれども納税は発生しない、いわゆる『小規模ゼロ』案件と気を緩めていましたが、試算し直すと納税が発生する申告案件へと変わりました。奥様も息子さんもまったく予期していなかったそうです。税理士の役割としては、残された家族には結果としてお役に立てたのかと思いますが、被相続人の宝箱を空けてしまったのかなと、何だか複雑な気持ちになった案件でした。

　今後はこのような形で財産の把握漏れが増えていくのかもしれません。

第 3 章

相続人のタイプ・財産の種類別にみるヒアリングのポイント

第3章では、相続人のタイプ別の対処方法や、財産の種類別で確認していくチェック項目などについてみていきます。

1 相続人のタイプ別ポイント

相続人のタイプ別のコミュニケーションポイント

　案件を受託する前に、どのような形でコミュニケーションが取れるのか、書類の準備は依頼したとおりに期限を守ってくれるか、やりとりの手段は、電話かメールかなど、それぞれの相続人のタイプに合わせて応対のパターンを決めておくとよいでしょう。また、相続人が複数人いる場合はそれらを取りまとめてくれる相続人代表（長男であったり長女であったりするケースが多いです）とのみ、やりとりができれば比較的スムーズに業務も進捗する傾向にあります。遺産分割協議や代償の金額の調整などについても、相続人代表の方が民法の知識について理解していると、業務の進捗がよくなります。

　逆に、相続人間で利害関係があるようなケースで、とりまとめをしてもらえないようなときは、個別に各相続人と事実確認、書類準備の依頼などを行うこととなり、スケジュールに影響を及ぼすことが多くあります。受託する前に、依頼者になる相続人のパターンを判別して、それに沿った円滑な申告業務を行っていきたいところです。

①　相続人を代表する方がいる場合

　このケースは、相続人が長男や長女であることが多く、資料や分割内容などについてのとりまとめをしてもらえる場合が多いので、全体的にスムーズな業務進行を行うことができると思います。必要資料については、リストを作成し、相続税についても考え方や制度を伝え、申告納税までの手続きについて納得してもらうようにします。財産確定のためのヒアリングポイントについては、生前の被相続人との関わり方によって変わってきますが、財産の全容を把握したいことに関しては理解があるため準備も早いと思いますので、第2章で取り上げた、略歴書や被相続人に関するシートを渡して確認を取りましょう。被相続人と別居していたり、長年疎遠であったような場合は、生前の財産形成に詳しくない恐れもあり

ますので、その場合は状況をみて丁寧に確認していった方がよいでしょう。

```
┌─────────────  ヒアリング＆実務ポイント  ─────────────┐
  ・業務の連携がスムーズにとれるため、ヒアリングリストを渡して進めます。
  ・被相続人について、相続までの経緯など基本的な事項はスピーディーに進
    めます。
  ・財産形成の経緯や遺産把握のための詳細な聞き込みを行います。
  ・スケジュールを事前に示し、申告業務の前倒しを狙います。
  ・全体的に時間の余裕が取りやすいタイプの相続人ですので、業務の進行は
    行いやすく、タイトな工程でも可能です。
└──────────────────────────────────────────────┘
```

②　相続人が高齢者や配偶者のみである場合

　対応するのがご主人である場合は、財産などの把握もなされていることが多く、対処についてはスムーズに進むかと思います。しかし、奥様に対応してもらう場合は、ご主人の財産について把握していないことが多くあるため、財産の洗い出しを最初からいっしょに進めていくこととなります。

　ご主人が遺言などとともに金融機関の情報などをまとめておいてくれていれば問題ありませんが、そういったリストがない場合は、ひとつひとつ拾っていきますので、申告までの時間的余裕も含めてスケジュールの組み方が変わってきます。

　また、相続人が配偶者のみの場合は、両親や兄弟姉妹が相続人となりうるため、遺産分割協議へ進む可能性もあります。関係が疎遠になっていることがあれば、相続人にたどり着くまでに相当な時間を要してしまうこともあります。

③ 相続人が遠方などで面談ができない場合

　一部の相続人が遠方などにいるような場合は、すべての相続人と面談ができないことがあります。この場合は、近隣の相続人が対応してくれることが多いのですが、書類などのやりとりに時間を要することと、意思確認が直接できないため、確認の方法に気を付ける必要があります。

　また、このタイプは、ヒアリングにおいてコミュニケーションを直接取れないために漏れやすい事項がでますので書面及び電話等でカバーし、情報収集の精度を上げる工夫をします。また、すべての相続人に対して、申告内容などについて同時に説明をする機会がないため、別の相続人だけには税理士さんから情報が先に伝えられているなどの誤解を与えないように、報告は各相続人にフェアな状態で情報を与えていく努力も大切ですね。

④ 相続人の家族構成が特殊な場合

このケースは、様々なパターンがあるため、代表的な事例のみ取り上げます。

(1) 被相続人の連れ子がいる場合

このケースは、相続税の申告を全員バラバラに行うといったことも想定されます。相手方に連絡が取れないこともあり、相続人の捜索から始めるということもあるようです。このパターンは時間のかかり具合が見えないため、未分割で申告することも視野に入れておくとよいでしょう。

相手方に弁護士が付いていれば、時期が経つと相続開始のお知らせが来るはずですし、相手方が明確であるならば、遺留分減殺請求を行うことで連絡を取り始めていくので少しは進むと思いますが、10か月の期限を考えると間に合わないことのが多いでしょうね。筆者が扱った事例も期限後申告から始めるという相談でした。

【家系図のイメージ】

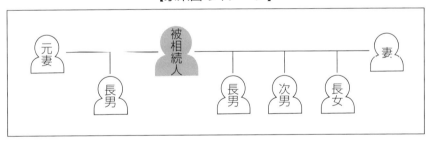

ヒアリング&実務ポイント

・相談者は家系図でどの立場の方であるか
・遺産分割をコントロールできる立ち位置にあるのか
・相続税の申告は、相続人ごとに行うのかどうか
・未分割での申告についても可否判断をしてもらっておく

(2) 相続人が兄弟姉妹しかいない場合

このケースは、遺言の有無によって遺産分割がスムーズに進むかどうかが決ま

ります。兄弟姉妹が全員健在であればよいのですが、亡くなっているとすると甥や姪も含まれてきますので、分割協議をまとめることにも不安が出ます。とりまとめが上手な方が仕切ってくれるならば、早くまとまりそうですが、関係者が増えれば増えるほど戸籍謄本などの取得にも時間を要するので、とりまとめ役が不在の場合は、代理人を立てるなどの検討をした方がよいでしょう。

【家系図のイメージ】

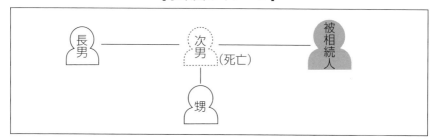

ヒアリング＆実務ポイント

・遺言の有無の確認（遺言を作成していれば兄弟姉妹だけの相続はスムーズに終わる）
・兄弟姉妹、甥姪と連絡が取れる状態であるか
・未分割での申告についても可否判断をしてもらっておく

(3) 被相続人の子が先に死亡していた場合

　例えば、おじいさんが亡くなり、相続人はおばあさんと子供たちというときに、子供のうち1人が既に他界していたならば、相続人は、おばあさんと子供と孫という組み合わせになります。この場合の留意点は、遺産分割協議となったときに世代が分かれるため、財産のバランスととりまとめの難しさが生じるケースが出てきます。可能であれば、遺言の整備がなされているとよいです。子供の世代が中心となってとりまとめを進めるのだと思いますが、お孫さんが意見を言うのは難しい状況なのでしょうね。

【家系図のイメージ】

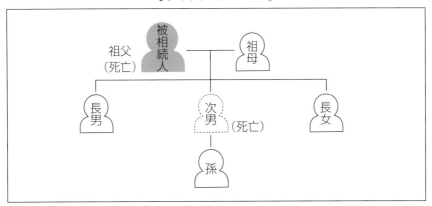

ヒアリング＆実務ポイント

・遺言の有無の確認（世代を超えてバランスのよい遺言かどうか）

・下の世代の分割協議への関わり方

・すでに亡くなった方の遺言などがあるかどうか

⑷　相続人が全員放棄してしまっていた場合

　これはかなり特殊な事例です。全員放棄しているならば、相続税の申告は不要であるため、ヒアリングが必要ないのではないかと一瞬決めつけてしまいますが、放棄していたとしてもみなし相続財産があれば、申告が必要な場合もあります。「放棄しました」と聞いて終わりにせずに、生命保険や退職金などの支給がなかったかどうかを確認しておきましょう。厳密には、基礎控除を超える生命保険金や退職金が支給されなければ起こりませんので、めったに生じないケースですが、放棄のことも含めて頭に入れておくとよいでしょう。

【家系図のイメージ】

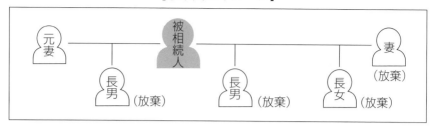

```
┌──────────────────────────────────────────────┐
│   ヒアリング＆実務ポイント                      │
├──────────────────────────────────────────────┤
```

・相続放棄の手続きは済んでいるか

・相続放棄した方が得になるのかどうか

・みなし相続財産の金額がどのくらいあるのか

・本来の相続財産になるものはないのか

・生命保険金などの受取人は誰にどのくらいの金額や配分割合が指定されているのか

(5)　被相続人の縁戚が養子となっていた場合

　これも特殊な事例ですが、相続人がいない方が縁戚を養子としているような場合を想定します。状況が限られるのですが、財産の把握については被相続人と養子がどのくらいまで接点があったかによっても変わってきます。被相続人の財産について何も知らなければ、残された物から財産をリストアップしていくしかありませんので、大変な作業となります。

　筆者の扱ったケースでは、養子であることは知らされていたものの、財産については相続開始から把握することとなり、生前の財産形成についてはほとんどヒアリングができずに被相続人がまとめておいてくれたリストを頼りに金融資産などを拾い出し、相続税申告も無事に期限内で間に合わせました。このケースは、相続人間での争いが起きにくいため分割協議の時間を要しませんので、財産の確定が追いつけば、申告完了まではスムーズに終わると思われます。

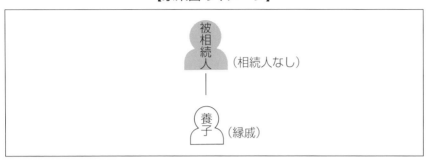

【家系図のイメージ】

被相続人 （相続人なし）

養子 （縁戚）

⑤　関連士業と連携している場合

　相続税申告の相談は、弁護士・司法書士・行政書士といった関連士業から持ち込まれることも多くあります。相続人との関わり方でみると、相続人の代わりに税務関係のコミュニケーションも弁護士などが代わりに取るケースと、相続人から税理士紹介の依頼があり、やりとりは相続人と直接するケースとに大別されます。前者のケースは、間に入る士業にきちんと対応をしてもらうことで業務リスクを回避しながら業務を慎重に進めます。しかし、実際には後者のケースがほとんどであると思います。

　次に各士業の連携の特徴をみていくと、弁護士からの案件は、ほとんどのケースで遺言執行が済んでいたり、分割協議が整っている案件です。そのため、相続関係資料も準備されており、申告までに要する時間が読みやすいのが特徴です。相続人側でも弁護士からの紹介ということで、当初から相続人の信頼度が高く、業務が進めやすいことがあります。

また、司法書士・行政書士からの紹介は、遺産分割協議の前段階や遺言作成の準備として、相続税の課税があるかどうか相談したいというケースが多い特徴があります。相続に関係する士業からの紹介は、民法上の手続きについては、相続税との負担を考慮した連携を取るくらいの対応で済み、その業務についてのケアが不要となるため本業に集中できることは助かります。

　そして、報酬の見積もりや請求の際においては、弁護士・司法書士・行政書士の業務見積もりと合わせて相続人に提示してもらうこともあり、非常に助かる存在です。互いの業務にも相乗効果が出ますので、きちんと提携関係を持っておきたいところです。

　しかし、一方で留意すべきケースは、遺言執行等で財産が把握され、相続手続きが進んだ状態で、相続税申告業務を始めることとなる点です。財産については遺言の記載などをそのまま受け取ってしまい、税理士がすべきヒアリングを項目を省略してしまうことがあります。申告後に税務署から漏れを指摘されると、紹介者の弁護士等に迷惑をかけてしまうことにもなりかねないため、税務特有の財産の確認が必要なことを弁護士と相続人に伝えたうえで、基本に忠実に財産の把握を進めていくべきです。

　また、遺言を執行する直前や分割協議が整いつつあるなどの状態で依頼があった場合は、税理士の視点からみると、相続税の負担が適正化されていないことがあります。その場合は紹介者に相談のうえ、試算した内容や税負担を減少させる提案を説明して、相続人へ話してもらえるかどうかを検討します。小規模宅地の特例などは、土地の取得の選択により大幅に税額は変わりますし、取得者の同意も必要とされています。

　後々に税額面で有利になる方法があったならば、そちらの選択をしたのにと相続人からクレームがないようにしなければなりません。仮に、税負担が大きくても、相続人の方々が、弁護士などが提案した内容で進めるならば、相続人に説明し、確認書などをもらっておいた方がトラブルの発生を防ぐことができます。当初の案を検討した弁護士などの内容を一方的に否定しないようにしながら、あくまでも税負担の適正化としての提案として、税務の専門家として説明が必要となります。

ヒアリング&実務ポイント

- 弁護士などの提案があった遺言や分割協議の内容についてその内容は相続税の負担を考慮しているものであるか
- 税負担が大きくなる選択でもよいのかどうか
- （関連士業の方に）相続開始までどのような背景があったか
- （関連士業の方に）税負担の軽減ができる提案の必要があること

2 財産の種類別にみる ヒアリングポイント

　被相続人が積み上げてきた財産には様々なストーリーがあります。それぞれの財産に様々な形で想いが込められている相続案件に出会うことも多いです。財産の種類も多岐にわたりますし、その態様や現状の扱いなどは、簡単なヒアリングでは被相続人の申告として必要な財産であることがわからないこともあります。

　相続税の課税逃れとして財産隠しと考えて行ったことではなくても、相続財産として漏れてはならない財産もあります。それが孫名義での定期預金であったり、相続開始3年以内の贈与であったりします。この項目では、相続税の申告を適正に行うために被相続人の財産の種類別にその把握のポイントをみていきます。

①　財産の把握と洗い出し

　相続財産の洗い出しは、漏れがないことが最優先課題となりますので、相続人にも協力してもらい進めていきます。しかし、人生もいろいろ相続財産もいろいろですから、ワンパターンに財産を確定することは難しく、その把握は網羅的に行う必要があります。資産の項目が少ない場合でも、勘に頼ることなく、チェックシートなどに従い機械的に進めていくことと洞察力を働かせることを組み合わせて行うことをお勧めします。

　遺産の把握は、チェックシートなどを活用することで基本的な確認部分をルーティーン化して、漏れるリスクを減らしておき、それだけでは把握できない財産の洗い出しには洞察力とヒアリング力及び経験を用いていきます。

　国税庁が毎年発表する「相続税の調査等の状況」では、相続税の実地調査において指摘があった申告漏れ等の非違件数を知ることができます。そこでは、現預貯金が最も申告漏れの金額が大きくなっています。もう一工夫すれば漏れを防げたかもしれないというようなことがないように、財産の把握と事実確認については慎重に進めていくことが大切です。

②　国税庁のチェックシートの活用

　相続税申告業務には、安全な申告を履行するために業務チェックシートを活用することが必須です。税理士事務所独自のチェックシートを作成し業務に取り入れている場合や、税理士会で公開されているチェックシートを利用していることも多いと思いますが、ここでは、最低限のチェックが進められ、申告時の公式補完資料としても使いやすい国税庁のチェックシートを参考にみていきたいと思います。

　国税庁のチェックシートは、公開されているものが2種類あります。

　1つは、国税庁ホームページの「パンフレット・手引→相続税・贈与税関係→相続税・贈与税の申告のしかた・手引きなど」に公開されている「相続税の申告のためのチェックシート（令和元年分以降用）」です。

　もう1つは、国税庁ホームページの「国税庁等について→組織（国税局・税務署等）→名古屋国税局」のページに公開されている「相続税の申告のためのチェックシート（平成31年4月以降相続開始用）」です。

　資産項目の網羅性は、双方ともほとんど同じですが、名古屋国税局バージョンのチェックシートは、小規模宅地等の特例のフローチャート判定、提出書類一覧表、相続関係図を記入できるページもあり、相続税申告の全体をカバーできます。財産把握の前に目を通し、チェック項目に気を付けながら業務を進めていき、最終のチェックが完了したら申告書に添付して提出することで申告書記載の相続財産を計上した根拠を補完します。

相続税の申告のためのチェックシート
（平成31年4月以降相続開始用）

このチェックシートは、相続税の申告書が正しく作成されるよう、一般に誤りやすい事項についてのチェックポイントをまとめたものです。
申告書作成に際して、確認の上、申告書に添付して提出くださるようお願いいたします。

区分	種類	確認事項	確認資料	確認 （✓）	該当の有無 有（✓）無（✓）		確認書類 の添付 （✓）
相続財産の分割等		① 遺言書がありますか。	家庭裁判所の検認を受けた遺言書又は公正証書による遺言書	□	有 □	無 □	□
		② 遺産分割協議書の写しがありますか。	遺産分割協議書、各相続人の印鑑証明書	□	有 □	無 □	□
		③ 死因贈与により財産を取得した者はいませんか。	遺言書や贈与契約証書	□	有 □	無 □	□
		④ 相続人に未成年者はいませんか。	特別代理人選任の審判の証明書	□	有 □	無 □	□
		⑤ 法定相続人に誤りはありませんか。	戸籍の謄本、法定相続情報一覧図の写し	□			
取得財産	土地 （土地の上に存する権利を含みます。） 家屋 （構築物）	① 未登記物件、共有物件、先代名義の物件等はありませんか。	所有不動産を証明するもの （固定資産税評価証明書、登記事項証明書）	□	有 □	無 □	□
		② 被相続人の住所地以外の市区町村（例えば、相続人の住所地や被相続人の本籍地等）に所在する不動産はありませんか。		□	有 □	無 □	□
		③ 他人の土地の上に建物を所有していたり、他人の土地を小作している場合、借地権や耕作権はありませんか。	賃貸借契約書、小作に付されている旨の農業委員会の証明書等	□	有 □	無 □	□
	事業（農業）用財産	事業用財産又は農業用財産はありませんか。	資産・負債の残高表 （所得税青色申告書（決算書又は収支内訳書）	□	有 □	無 □	□
	有価証券	① 株式、出資、公社債、貸付信託、証券投資信託の受益証券等はありませんか。	証券、通帳又は預り証等	□	有 □	無 □	□
		② 名義は異なるが、被相続人に帰属するものはありませんか。（無記名の有価証券も含む。）	証券、通帳又は預り証等	□	有 □	無 □	□
		③ 増資等による株式の増加分や端株はありませんか。	配当金支払通知書等	□	有 □	無 □	□
		④ 株式の割当てを受ける権利や配当期待権等はありませんか。	配当金支払通知書等	□	有 □	無 □	□
	現金預貯金	① 相続開始日現在の残高で計上していますか。	預貯金・金銭信託等の残高証明書、預貯金通帳（証書）	□			□
		② 名義は異なるが、被相続人に帰属するものはありませんか。（無記名の預貯金も含む。）		□	有 □	無 □	
		③ 定期性預貯金の既経過利息は相続開始日に解約するとした場合の利率とし、源泉所得税相当額を控除して計算しましたか。	既経過利息の計算明細書	□	有 □	無 □	□
		④ 相続開始直前に、被相続人の預金口座等から出金された現金について、その状況を確認しましたか。	預貯金通帳等	□	有 □	無 □	□
		⑤ 預貯金や現金等の増減について、相続開始前5年間程度の期間における入出金を確認しましたか。	預貯金通帳等	□	有 □	無 □	□
	家庭用財産	家庭用財産はありませんか。	家庭用財産の一覧表	□	有 □	無 □	□
	その他の財産	① 生命保険金、死亡退職金はありませんか。	保険証券、支払保険金計算書、退職金の支払調書、取締役会議事録等	□	有 □	無 □	□
		［ある場合］相続放棄した者が受け取った生命保険金や死亡退職金から、非課税額（500万円×法定相続人数）を控除していませんか。	相続税申告書第9表、第10表	□	有 □	無 □	□

区分	種類	確 認 事 項	確 認 資 料	確認(✔)	該当の有無 (✔)		確認書類の添付(✔)
取得財産	その他の財産	② 生命保険契約、損害保険契約に関する権利はありませんか。	保険証券、支払保険料計算書、所得税及び復興所得税の確定申告書(控)等	☐	有☐	無☐	☐
		③ 契約者名が家族名義等で、被相続人が保険料を負担していた生命保険契約はありませんか。		☐	有☐	無☐	☐
		④ 未支給の国民年金の請求権を相続財産に計上していませんか(未支給国民年金の請求権は相続財産ではありません。)。	未支給年金請求書等	☐	有☐	無☐	☐
		⑤ 親族や同族法人に対する貸付金等はありませんか。	金銭消費貸借契約書等	☐	有☐	無☐	☐
		⑥ 庭園設備、自動車、バイク及び船舶等はありませんか。	現物の確認(最近取得している場合は、取得価額の分かる書類)	☐	有☐	無☐	☐
		⑦ 書画、骨董、貴金属等はありませんか。	評価明細書(最近取得している場合は、取得価額の分かる書類)	☐	有☐	無☐	☐
		⑧ 国外にある預貯金や不動産等はありませんか。	預貯金通帳、不動産売買契約書等	☐	有☐	無☐	☐
		⑨ 未収給与、未収地代、家賃等はありませんか。	賃貸借契約書、領収書等	☐	有☐	無☐	☐
		⑩ 修繕等について、資本的支出に当たるものはありませんか。	修繕等工事の明細、領収書等	☐	有☐	無☐	☐
		⑪ 被相続人から贈与を受けた財産のうち、結婚・子育て資金に係る贈与税の非課税制度を適用した預金残高等はありませんか。	預金通帳等	☐	有☐	無☐	☐
		【ある場合】贈与を受けた者が孫や曾孫等の場合、税額の2割加算をしていませんか。	戸籍謄本等	☐	有☐	無☐	☐
債務等	債務	① 借入金、未払金、未納となっていた固定資産税、所得税はありませんか。	請求書、金銭消費貸借契約書、納付書、納税通知書等	☐	有☐	無☐	☐
		② 被相続人の住宅ローンのうち、団体信用生命保険に加入していたことにより返済する必要がなくなった金額を債務として控除していませんか。	住宅ローンの設定契約書等	☐	有☐	無☐	☐
		③ 相続放棄した相続人が引き継いだ債務を債務控除していませんか。	相続税申告書第1表、第13表、相続放棄申述受理証明書	☐	有☐	無☐	☐
	葬式費用	法要や香典返しに要した費用が含まれていませんか。また、墓石や仏壇の購入費用が含まれていませんか。	領収書等	☐	有☐	無☐	☐
生前贈与財産の相続財産への加算		【相続時精算課税】① 被相続人から、相続時精算課税の適用を受けて受贈した財産はありませんか。	贈与契約書、贈与税申告書 ※ 相続税の課税価格に加算すべき他の共同相続人等に係る贈与の課税価格の合計額が不明である場合は、相続税法第49条に基づく開示請求を行うことを検討してください。	☐	有☐	無☐	☐
		【暦年課税】② 相続開始前3年以内に贈与を受けた財産は加算していますか(贈与税の基礎控除額以下の価額の受贈財産を含みます。)。		☐	有☐	無☐	☐
		③ 相続により財産を取得しなかった者が相続開始前3年以内に受けた贈与財産を加算していませんか。	相続税申告書第1表	☐	有☐	無☐	☐
		④ 被相続人から受贈し、贈与税の配偶者控除を受けた財産を、相続開始前3年以内に贈与を受けた財産として加算していませんか。	贈与税申告書、相続税申告書第14表	☐	有☐	無☐	☐
財産の評価	不動産	① 現況の地目で評価していますか。また、評価単位に誤りはありませんか。	土地及び土地の上に存する権利の評価明細書	☐	⟋	⟋	☐
		② 同族法人等に対して貸し付けている土地のうち、無償返還の届出を提出しているものについて、誤って借地権相当額を控除していませんか。	土地の無償返還に関する届出書	☐	有☐	無☐	☐
		③ 貸家(独立家屋)の中に、空き家となっているものはありませんか(相続開始時に現実に貸し付けられていない家屋の敷地は、自用地としての価額で評価します。)。	不動産賃貸借契約書等	☐	有☐	無☐	☐
		④ 親族等に対して、使用貸借により貸し付けている土地等は自用地評価していますか。	不動産賃貸借契約書等	☐	有☐	無☐	☐
		⑤ 土地に縄延びはありませんか。	実測図又は森林簿の写し	☐	有☐	無☐	☐
		⑥ 市街地周辺農地は20%評価減をしましたか。	市街地農地等の評価明細書	☐	有☐	無☐	☐

区分	種類	確　認　事　項	確　認　資　料	確認(✓)	該当の有無 (✓)	確認書類の添付(✓)
財産の評価	非上場株式	【共通】① 同族株主の判定に当たっては、相続開始後の議決権の数を基に判定していますか。	株主原簿、遺産分割協議書等	☐	有☐ 無☐	☐
		【類似業種比準方式】② 1株当たり利益金額の計算に当たって、繰越欠損金は加算しましたか。	取引相場のない株式(出資)の評価明細書、法人税申告書等	☐	有☐ 無☐	☐
		③ 比準要素数0の会社であるにもかかわらず、類似業種比準方式により評価していませんか。		☐	有☐ 無☐	☐
		④ 類似業種の株価の「課税時期の属する月」は、相続開始の時期と一致していますか。		☐	有☐ 無☐	☐
		【純資産価額方式】⑤ 土地や株式等の評価替えをしましたか。	取引相場のない株式(出資)の評価明細書、法人の貸借対照表等	☐	有☐ 無☐	☐
		⑥ 課税時期前3年以内に取得した土地等又は家屋等は、通常の取引価額で計上していますか。		☐	有☐ 無☐	☐
		⑦ 資産の部に土地の計上がなく、かつ、建物がある場合、借地権の有無の検討をしましたか。	取引相場のない株式(出資)の評価明細書、土地の賃貸借契約書、法人の貸借対照表等	☐	有☐ 無☐	☐
		⑧ 資産の部に財産性のない前払金や繰延資産は計上されていませんか。		☐	有☐ 無☐	☐
		⑨ 負債の部に引当金は計上されていませんか(平成14年改正法人税法附則に規定する退職給与引当金を除く。)。	取引相場のない株式(出資)の評価明細書	☐	有☐ 無☐	☐
		⑩ 法人が受け取る生命保険金を資産に計上しましたか。また、法人から支払われる退職金を負債に計上しましたか。	取引相場のない株式(出資)の評価明細書、法人の総勘定元帳等	☐	有☐ 無☐	☐
		⑪ 資産の部に計上すべき取引相場のない株式等の評価をする際に、法人税額等相当額を控除していませんか。	取引相場のない株式(出資)の評価明細書	☐	有☐ 無☐	☐
	立木	相続人及び包括受遺者は、立木について、15%評価減をしましたか。	山林・森林の立木の評価明細書	☐	有☐ 無☐	☐
特例	配偶者の税額軽減	遺産の分割が確定していますか(特例の適用を受けるには、遺産の分割が完了していることが必要です。)。	遺言書、遺産分割協議書	☐	有☐ 無☐	
	小規模宅地	① 第4面のフローチャートで判定を行った結果、特例の適用要件を備えていましたか。	(第4面)	☐	有☐ 無☐	
		② 貸付事業用宅地等の有無の別に応じて、限度面積の計算は適正に行っていますか。	申告書第11・11の2表の付表1	☐	有☐ 無☐	
税額計算等	税額計算	① 実子がいるにもかかわらず、養子を2人以上、法定相続人の数に加算していませんか(実子がいる場合、加算できる養子は1人です。)。	被相続人及び相続人の戸籍の謄本等、相続税申告書第2表	☐	有☐ 無☐	☐
		② 相続放棄した者についても、基礎控除額及び相続税の総額の計算上、法定相続人の数に加算していますか。	相続税申告書第2表	☐	有☐ 無☐	☐
		③ 嫡出でない子の相続分を誤って嫡出である子の相続分の2分の1としていませんか。	被相続人及び相続人の戸籍の謄本等、相続税申告書第2表	☐	有☐ 無☐	☐
	税額加算	相続又は遺贈により財産を取得した者が孫養子(代襲相続人を除く。)や兄弟姉妹、受遺者等の場合は、税額の2割加算をしていますか。	戸籍の謄本等、遺言書、贈与契約書	☐	有☐ 無☐	☐
	税額控除	① 未成年者控除及び障害者控除のうち、控除しきれない金額(控除不足額)がある場合、扶養義務者から控除しましたか。	相続税申告書第6表	☐	有☐ 無☐	☐
		② 相続人以外の者が相次相続控除を受けていませんか。	戸籍の謄本等	☐	有☐ 無☐	☐
その他		① 生前に土地の譲渡等がある場合、その売却代金等が相続財産に反映されていますか。	不動産の売買契約書	☐	有☐ 無☐	☐
		② 短い間隔で相続が2回以上発生している場合、前回以前の相続の時に受け取った財産は、今回の相続財産に反映されていますか。	前回相続の際の遺産分割協議書等	☐	有☐ 無☐	☐
		③ 多額の債務がある場合、その借入れにより取得等した財産は、相続財産に反映されていますか。	金銭消費貸借契約書等	☐	有☐ 無☐	☐
		④ 各種特例の適用を受ける場合、別紙「提出書類一覧表」の提出書類を添付していますか。	提出書類一覧表	☐	有☐ 無☐	

小規模宅地等の特例

(※) 取得した者ごとに適用要件を判定してください。

被相続人の親族が、相続又は遺贈によって取得した宅地等（分割が確定していないものを除く。）ですか。 — No

Yes ↓

棚卸資産及び棚卸資産に準ずる資産以外の宅地等ですか。 — No

Yes ↓

建物若しくは構築物の敷地の用に供されていますか。 — No

Yes ↓

用途は次のいずれかに該当しますか。 — No

Yes ↓

| 被相続人又は被相続人と生計を一にしていた親族の事業の用(注1)に供されている。【特定事業用宅地等】(注2) | 同族会社の事業用宅地等として貸付けられている【特定同族会社事業用宅地等】又は【貸付事業用宅地等】(注4) | 被相続人の貸付事業の用(注3)に供されている。【貸付事業用宅地等】(注4) | 被相続人と生計を一にしていた親族の貸付事業の用(注3)に供されている。【貸付事業用宅地等】(注4) | 一定の郵便局舎の敷地の用に供されている（詳細は税務署にお尋ねください。）。【特定事業用宅地等】 | 被相続人と生計を一にしていた親族の居住の用(注5)に供されている。【特定居住用宅地等】 |

| 取得した者は①又は②に該当しますか。
① 相続税の申告期限まで被相続人から承継した事業を継続し、かつ、その宅地等を保有
② 生計を一にしていた親族が、相続開始前から相続税の申告期限まで引き続き自己の事業を継続し、かつ、その宅地等を保有 | 取得した者は相続税の申告期限まで同族会社に貸付け(注6)又は引き続き自己の貸付事業を継続し、かつ、その宅地等を保有しています。 | 生計を一にしていた親族は相続開始前から相続税の申告期限まで引き続き自己の貸付事業を継続し、かつ、その宅地等を保有していますか。 | 取得した者は①～④のいずれかに該当しますか。
① 配偶者
② 被相続人の居住の用に供されていた一棟の建物に居住していた親族(注7)で、相続税の申告期限まで居住を継続し、かつ、その宅地等を保有
③ 生計を一にしていた親族で、相続税の申告期限まで引き続き居住を継続し、かつ、その宅地等を保有
④ 配偶者又は被相続人の同居親族がいない場合に相続開始前3年以内に自己、自己の配偶者、自己の三親等内の親族又は特別の関係がある一定の法人が所有する家屋に居住したことがない親族で、かつ、相続開始時に自己の居住している家屋を相続開始前のいずれの時においても所有していたことがなく、相続税の申告期限まで、その宅地等を保有(注8) |

Yes / No

小規模宅地等に該当し、全体の一定の面積までの部分の課税価格について80%あるいは50%の減額ができます。
・ 特定居住用宅地等、特定事業用宅地等（一定の郵便局舎の敷地の用に供されている宅地等を含む。）、特定同族会社事業用宅地等・・・80%減額
・ 貸付事業用宅地等・・・50%減額
詳細は「相続税の申告のしかた」を参照してください。

小規模宅地等に該当しません。

- - - - -
小規模宅地等の対象となる宅地等の遺産分割が確定していない場合、特例の適用を受けることができませんが、「申告期限後3年以内の分割見込書」を提出することによって、財産の分割が確定したときに特例の適用を受けることができます。
- - - - -

(注1) 貸付事業の用を除きます。
(注2) 相続開始前3年以内に新たに被相続人等の事業の用に供された宅地等を除きます（一定規模以上の事業を行っていた被相続人の当該事業の用に供されていた土地等は平成31年3月31日までに事業の用に供された宅地等を除きます。）。
(注3) 不動産貸付業、駐車場業、自転車駐車場業及び準事業に限ります（準事業とは、事業と称するに至らない不動産貸付その他これに類する行為で相当の対価を得て継続的に行うものをいいます。）。
(注4) 相続開始前3年以内に新たに貸付事業の用に供された宅地等を除きます（相続開始の日まで3年を超えて引き続き特定貸付事業（貸付事業のうち準事業以外のものをいいます。）を行っていた者の貸付事業の用に供されていた宅地等及び平成30年3月31日までに貸付事業の用に供されている宅地等を除きます。）。
(注5) 次のような理由により、相続開始の直前において被相続人の居住の用に供されていなかった宅地等について、一定の要件を満たす場合には、特例の適用を受けることができます。
　　(1) 要介護認定又は要支援認定を受けていた被相続人が次の住居又は施設に入居又は入所していたこと
　　　 認知症対応型老人共同生活援助事業が行われる住居、養護老人ホーム、特別養護老人ホーム、軽費老人ホーム、有料老人ホーム、介護老人保健施設、介護療養院又はサービス付き高齢者向け住宅
　　(2) 障害支援区分の認定を受けていた被相続人が障害者支援施設などに入所又は入居していたこと
(注6) 相続税の申告期限において、その法人の役員（法人税法第2条第15号に規定する役員（清算人を除く。））である者に限ります。
(注7) 次の(1)又は(2)のいずれかに該当するその親族の部分に居住していた親族のことをいいます。
　　(1) 被相続人の居住の用に供されていた一棟の建物が、「建物の区分所有等に関する法律第1条の規定に該当する建物」（区分所有建物である旨の登記がされている建物をいいます。）である場合・・・被相続人の居住の用に供されていた部分
　　(2) 上記(1)以外の建物である場合・・・被相続人の親族の居住の用に供されていた部分
(注8) 平成30年3月31日において相続又は遺贈があったとした場合に、平成30年度税制改正前の特定居住用宅地等の要件を満たすものがある場合には、特例の適用を受けられる場合があります。詳しくは、「相続税の申告のしかた」をご確認ください。

チェックシートの概要を把握したところで、ここからは、財産の種類別にヒアリングすべきポイントをみていきます。遺言を作成する際に、相続税を踏まえてすべての財産を記載するように労力をかけたり、生前に配偶者または相続人などに財産内容をすべて共有していない限りは、漏れなく財産を把握することはできないと思います。財産ごとの確認の難易度は異なりますから、ここでは国税庁のチェックシートの該当部分を活用しながら、財産固有の特徴・背景を踏まえてヒアリングポイントを整理します。

③ 現金・預貯金

相続財産において必ず出てくるものが銀行預金です。また、預金と切り離させない財産が現金という位置づけです。これらの財産金額の確定において注意すべきヒアリング項目は何でしょうか。

銀行預金の出入金は明細で把握できるため、被相続人のすべての通帳、相続開始日の残高証明書及び少なからず現在から5年前までの通帳記録を入手し、動きを把握します。しかし、紙面上での確認はできるのですが、内容の不明なものは、どのような入出金なのか直接聞かなければわかりません。この点を怠ると申告漏れが起きるため、入念なヒアリングが必要です。また、相続人でも把握していない事実もあるため、不動産や株式の購入、親族への贈与、現金で引き出してタンス預金としていたり、親族名義の預金へ生前贈与していないかなどの推測も必要となります。税務調査の非違事項の指摘としても最も注意すべき財産です。

注意してヒアリングすべきポイント

- ・相続開始日前後に引き出している金銭の行方
- ・5年以内の数百万円単位の大きな金額の動き
- ・不動産や株式などの購入があった場合の資金の動き
- ・被相続人などの生活費の月額水準
- ・老人ホームなどへの入居の時期、月額利用料の金額水準
- ・生前贈与の金額とその時期
- ・親族名義へ移したことの事実の有無
- ・ATMなどから現金を毎日引き出している金銭があればその費消用途

【国税庁チェックシート】

種類	確認事項	確認資料	確認(✓)	該当の有無(✓)		確認書類の添付(✓)
現金預貯金	①相続開始日現在の残高で計上していますか。	預貯金・金銭信託等の残高証明書、預貯金通帳（証書）	☐	/	/	☐
	②名義は異なるが、被相続人に帰属するものはありませんか。（無記名の預貯金も含む。）		☐	有☐	無☐	
	③定期性預貯金の既経過利息は相続開始日に解約するとした場合の利率とし、源泉所得税相当額を控除して計算しましたか。	既経過利息の計算明細	☐	有☐	無☐	☐
	④相続開始直前に、被相続人の預金口座等から出金された現金について、その状況を確認しましたか。	預貯金通帳等	☐	有☐	無☐	☐
	⑤預貯金や現金等の増減について、相続開始前5年間程度の期間における入出金を確認しましたか。	預貯金通帳等	☐	有☐	無☐	☐

④ 名義預金の取扱い

　いわゆる名義預金の取扱いは、ご存知のとおり一筋縄では判断ができないかと思います。ここでは、相続人との理解のズレが起きないようにするためにヒアリングすべき内容をみていきます。

　被相続人が、相続税の節税となるようにと生前に自分の定期預金を孫名義の定期預金としていたり、また、生前に毎年贈与をして、子名義の定期預金としていたような話を聞くことがあります。これらは税務署からの指摘を受けやすい行為であり、故意によるものとみなされれば重加算税の対象となることにも留意しなければなりません。しっかり次の項目のヒアリングをしてどのように取り扱うかを慎重に判断します。

・被相続人が管理されていた預金口座すべてについての管理状況

・被相続人以外の名義がある場合は、その資金の出元はどこか

・子や孫名義の口座についての管理の有無

・贈与についての事実確認（契約書や受贈者の認識など）

・過去に配偶者への生活費などの支給があった場合はその経緯と両者の収入水準など

【名義預金の確認フローチャート】

名義預金と思われる口座の原資は被相続人である

↓（YES）

口座名義は子や孫などであり当人は口座の存在を知らなかった

↓（YES）

子や孫などは、贈与契約の手続きをした認識がない

↓（YES）

口座の通帳や印鑑は被相続人が管理していた

↓（YES）

名義預金として扱うことが妥当です

⑤　不動産

　相続財産の中でも金額の大きい資産であるのが不動産です。しかし、その把握は固定資産税の支払いや権利書、登記事項証明書などの記録で把握しやすいため、保有の事実の漏れが少ないことが多いと思います。

　注意が必要なのは、不動産の取得の経緯や利用状況、アパートなどを保有している場合は賃貸状況、私道の持分などについてです。取得の経緯については、相続後の売却時にもつながるため、購入したのか相続したのかなどを把握し、購入時や現在の市場価格も合わせて検討できると評価する際にも有効です。また、特殊な地形であったり、再建築ができない土地、セットバックがあるような土地などについても、ヒアリングしておけば役所調査に入る前に確認ができます。

　さらに、不動産の利用状況、評価単位の取り方、借地であれば賃貸借契約の状

況、先祖代々の土地であればどういった承継をしてきたのかも把握したい点です。アパートなどの賃貸状況は、準確定申告や小規模宅地特例の処理に必要となります。また、別荘用地などについては、一度も現地に行ったことがなく、雑木林のままというようなこともあります。こういったケースは、購入時の資料や経緯を押さえておき、後に手放す際の資料としておきます。

　また、実際の現地調査でしておきたいことに土地の地積測量があります。測量といっても土地家屋調査士のような本格的なことはできませんので、書面で把握しておいた土地の間口や奥行などの大まかな実測を行います。事前に地積測量図などを入手できれば、実際の長さとの大きなズレがないかを確認する程度の作業を行います。レーザー光線で測定するタイプの測量器を活用すると便利です。レーザー距離計といい、市販されているもので対応ができます。もし、測量図などが入手できなければ、Googleマップの「距離を測定」ツールで、間口や奥行の距離を把握して現地へ向かうようにすれば、概算はつかめます。古くから所有されている土地だと測量図が作成されていないことも多く、登記簿の面積も正確でないこともあるため、書面と現場とでこの作業をすることで正確な地積を探ります。しかし、中には概算の面積が登記上の地積と大きくずれたり、不整形地のため面積の見当が付けられないような場合は、誤差が大きく出てしまいますので、土地家屋調査士に測量してもらいます。さらに評価を行うにも支障が出てくるようなケースの土地であれば不動産鑑定士へ協力を依頼することとします。

　不動産については、現地に行って調査を行うことは最低限必要ですが、特に土地については、取得の経緯や歴史が評価にも反映されてくることが多いため、相続人に対しては目に見えない部分のヒアリングを重点的に行います。

・物件取得の経緯

・固有の特徴（再建築不可、セットバックなど）

・アパート経営をしていれば賃貸状況など

・昭和時代に購入した別荘地の土地についての取得経緯

・可能であれば権利書や購入当時の売買契約書などの資料

・私道の持分

・大規模のマンションであれば共用スペースなどの持分

・面積が登記上の数値と異なることがないか

【国税庁チェックシート】

種類	確認事項	確認資料	確認(✓)	該当の有無(✓)		確認書類の添付(✓)
家屋（構築物） 土地（土地の上に存する権利を含みます。）	①未登記物件、共有物件、先代名義の物件等はありませんか。	所有不動産を証明するもの(固定資産税評価証明書、登記事項証明書等)	☐	有☐	無☐	☐
	②被相続人の住所地以外の市区町村（例えば、相続人の住所地や被相続人の本籍地等）に所在する不動産はありませんか。		☐	有☐	無☐	☐
	③他人の土地の上に建物を所有していたり、他人の土地を小作している場合、借地権や耕作権はありませんか。	賃貸借契約書、小作に付されている旨の農業委員会の証明書等	☐	有☐	無☐	☐

種類	確認事項	確認資料	確認 (✓)	該当の有無 (✓)		確認書 類の添 付(✓)
不動産	①現況の地目で評価しているますか。また、評価単位に誤りはありませんか。	土地及び土地の上に存する権利の評価明細書	☐			☐
	②同族法人等に対して貸し付けている土地等のうち、無償返還の届出書を提出しているものについて、誤って借地権相当額を控除していませんか。	土地の無償返還に関する届出書	☐	有☐	無☐	☐
	③貸家(独立家屋)の中に、空き家となっているものはありませんか（相続開始時に現実に貸し付けられていない家屋の敷地は、自用地としての価額で評価します。）。	不動産賃貸借契約書等	☐	有☐	無☐	☐
	④親族等に対して、使用貸借により貸し付けている土地等は自用地評価していますか。	不動産賃貸借契約書等	☐	有☐	無☐	☐
	⑤土地に縄延びはありませんか。	実測図又は森林簿の写し	☐	有☐	無☐	☐
	⑥市街地周辺農地は20%評価減をしましたか。	市街地農地等の評価明細書	☐	有☐	無☐	☐

⑥　上場会社の株式

　上場株式の把握は、証券会社の口座明細及び残高証明書にて確認ができます。漏れやすいのは、口座に入っていない、いわゆるタンス株や端株です。これらは、相続人に対する資料収集のリストに、配当や四半期報告書、株主総会の招集通知なども入れておけば、それらの資料から所有株数を追うことができます。

　また、証券会社の取引明細についても、相続直前の部分については探っておく

必要があります。例えば、相続開始時の残高では存在しないが、直前に売却しており、別の銀行口座に振り込まれていたというようなケースは、相続財産として見逃してしまうこともあります。

```
┌────────────( 注意してヒアリングすべきポイント )────────────┐
│                                                              │
│  ・取引していた証券会社の一覧と生前の株式投資の頻度          │
│  ・タンス株や端株があるかどうか                              │
│  ・配当通知書、株主総会の資料など                            │
│  ・被相続人の確定申告書、特定口座の年間取引報告書            │
│  ・証券会社からの売買取引明細書など                          │
│  ・ネット証券会社のID及びパスワード                          │
└──────────────────────────────────────────────────────────────┘
```

【国税庁チェックシート】

種類	確認事項	確認資料	確認(✓)	該当の有無(✓)		確認書類の添付(✓)
有価証券	①株式、出資、公社債、貸付信託、証券投資信託の受益証券等はありませんか。	証券、通帳又は預り証等	□	有□	無□	□
	②名義は異なるが、被相続人に帰属するものはありませんか。（無記名の有価証券も含む。）	証券、通帳又は預り証等	□	有□	無□	□
	③増資等による株式の増加分や端株はありませんか。	配当金支払通知書等	□	有□	無□	□
	④株式の割当てを受ける権利や配当期待権等はありませんか。	配当金支払通知書等	□	有□	無□	□

⑦　生命保険金・保険契約

　生命保険などの保険については、生前から受取人の指定などで聞いていたり、保険会社のフォローもあるので漏れることは多くはありません。ただし、複数の保険会社に加入している場合に手続きが抜けてしまっていたり、保険の仕組みが

わからず死亡保険金を請求できるか判断ができていなかったりすることもあります。また、被保険者を相続人として保険料の負担を被相続人が行っている保険契約がある場合は、生前贈与として取り扱われるため漏れやすいので、ヒアリングすべき点です。生命保険契約時の設計書や年次のお知らせなども入手しておけば、被相続人の契約を把握できます。亡くなる直前に入院などがあれば給付金も請求できますので、請求が漏れていないか伝えておきたいところです。

```
┌─────────────────────────────────────────────┐
│         注意してヒアリングすべきポイント          │
└─────────────────────────────────────────────┘
```

- ・生命保険証券の有無
- ・保険金請求後のお支払い通知
- ・生前贈与プランなどの生命保険活用の有無
- ・当初の設計書や生命保険料控除証明書など
- ・被相続人が契約者で被保険者が異なる保険契約の有無
- ・被相続人が受け取るはずであった入院給付金などの有無

【国税庁チェックシート】

種類		確認事項	確認資料	確認 (✓)	該当の有無 (✓)		確認書 類の添 付(✓)
そ の 他 財 産	①	生命保険金、死亡退職金はありませんか。	保険証券、支払保険金計算書、退職金の支払調書、取締役会議事録等	□	有□	無□	□
		【ある場合】相続放棄した者が受け取った生命保険金や死亡退職金から、非課税額（500万円×法定相続人数）を控除していませんか。	相続税申告書第9表、第10表	□	有□	無□	□
	②	生命保険契約、損害保険契約に関する権利はありませんか。	保険証券、支払保険料計算書、所得税及び復興所得税の確定申告書（控）等	□	有□	無□	□
	③	契約者名が家族名義等で、被相続人が保険料を負担していた生命保険契約はありませんか。		□	有□	無□	□

種類	確認事項	確認資料	確認 (✔)	該当の有無 (✔)		確認書 類の添 付(✔)
その他財産	④未支給の国民年金の請求権を相続財産に計上していませんか（未支給国民年金の請求権は相続財産ではありません。）	未支給年金請求書等	☐	有☐	無☐	☐

╭─ 生命保険保険金の相続税・贈与税・所得税の課税関係の取扱いについて ─╮

　生命保険の死亡保険金は、相続税法上、「500万円×法定相続人の数」で計算された金額までは、相続税の非課税とされていることは現行の法律でも明らかであることが知られています。しかし、その契約関係や保険料の負担者により課税される税金が異なります。それぞれのケースを見ていきましょう。

（死亡保険金の場合）

契約者と被保険者が被相続人で受取人が相続人である場合　→　相続税

契約者と受取人が同じである場合　→　所得税

契約者と被保険者と受け取人がすべて異なる場合　→　贈与税

（満期保険金の場合）

契約者と受取人が同じである場合　→　所得税

受取人が契約者以外である場合　→　贈与税

　上記のような組み合わせとなります。

　現在推定被相続人が契約している生命保険があるようでしたら、保険事故が起こった場合や満期を迎えた場合に、どのような税負担があるか把握しておきましょう。

生命保険を活用した相続税対策って行うべき？

相続税対策として、生命保険の非課税枠を活用するケースがあります。現在の制度では、前述のとおり、「500万円×法定相続人の数」で計算された金額までは、相続税の非課税とされています。

仮に、定期預金が1,500万円あり、法定相続人が3人であるならば、生命保険商品を活用することで、定期預金の1,500万円は非課税に変えることができます。実効税率を10%とみれば、相続税は150万円減少します。

現行の制度が税制改正などで廃止されるリスクを無視すれば、この対策は有効であると思います。

また、生命保険は、遺産分割協議は不要ですし、受取人が死亡保険金を請求し、着金するまでは非常にスピーディーに手続きが進みます。各相続人の納税資金としても遺産分割協議などを待つことなく活用ができますので、被相続人となり得る方が、健康体であれば保険に加入しておくのは相続税対策としては効果的であり、相続開始後も資金面で助かることは間違いありません。相続人としても安心できるので対策しておくべきです。

⑧ 贈与・相続時精算課税

相続開始前3年以内の贈与については、事実の有無を必ずヒアリングする事項ですが、贈与の形式が口頭のみだったりすると、その事実があいまいになることがあります。その場合は、通帳の送金記録より贈与した記録のメモなどが残っていないか、出金記録と贈与を受けた時期の記憶が一致するかなどを詳細に聞いておきます。なお、贈与に関する契約書、申告書がない場合は、暦年贈与の枠内で贈与している可能性がありますので、110万円以内でもらっていないかなどの確認をする必要があります。

次に、相続時精算課税ですが、最近の相続案件では、かなりその扱い件数が増えてきました。相続時精算課税制度利用者は、必ず申告を行っていますので、届出書や申告書の控えを入手するか、贈与税の申告内容の開示請求手続を活用する

とよいです。ただし、稀にこの制度を利用したと言う方にその際の申告の有無を尋ねると、自動で適用されると思っていたので手続きしていないということもありますので、ヒアリングのみを信じることなく、書面等で申告の事実を確認しておきましょう。同様に、住宅取得等資金の贈与の場合もあります。非課税金額の枠内で贈与していたことで、非課税適用がされていると認識している方もいますので、事実関係を整理し、申告書などの控えの確認を怠らないようにします。

```
┌──────────( 注意してヒアリングすべきポイント )──────────┐
│                                                            │
│  ・生前に行われた贈与の有無                                 │
│  ・贈与契約書                                               │
│  ・贈与税申告の有無                                         │
│  ・通帳からの出金記録                                       │
│  ・相続時精算課税、住宅取得等資金贈与の有無と申告書などの控え │
│                                                            │
└────────────────────────────────────────────────────────────┘
```

【国税庁チェックシート】

種類	確認事項	確認資料	確認(✓)	該当の有無(✓)		確認書類の添付(✓)
生前贈与財産の相続財産への加算	①【相続時精算課税】被相続人から、相続時精算課税の適用を受けて受贈した財産はありませんか。	贈与契約書、贈与税申告書 ※相続税の課税価格に加算すべき他の共同相続人等に係る贈与税の課税価格の合計額が不明である場合は、相続税法第49条に基づく開示請求を行うことを検討してください。	□	有□	無□	□
	②【暦年課税】相続開始前3年以内に贈与を受けた財産は加算していますか（贈与税の基礎控除額以下の価額の受贈財産を含みます。）。		□	有□	無□	□
	③相続により財産を取得しなかった者が相続開始前3年以内に受けた贈与財産を加算していませんか。	相続税申告書第1表	□	有□	無□	□

種類		確認事項	確認資料	確認 (✓)	該当の有無 (✓)		確認書 類の添 付(✓)
生前贈与財産の相続財産への加算		④被相続人から受贈し、贈与税 の配偶者控除を受けた財産 を、相続開始前3年以内に贈 与を受けた財産として加算し ていませんか。	贈与税申告書、相続 税申告書第14表	□	有□	無□	□
その他財産	⑪	被相続人から贈与を受けた財 産のうち、結婚・子育て資金 に係る贈与税の非課税制度を 適用した預金残高等はありま せんか。	預金通帳等	□	有□	無□	□
		【ある場合】 贈与を受けた者が孫や曾孫 等の場合、税額の2割加算 をしていませんか。	戸籍謄本等	□	有□	無□	□

贈 与 契 約 書

第１条
贈与者　国税　貢　は、令和　〇年　〇月　〇日　その所有にかかる下記の財産を無償
にて受贈者　県税　金太郎　に与えることを約し、左受贈者はこれを承諾した。

第２条
贈与すべき財産は下記の通りである。
　　　　　現金・壱百萬円也

第３条　契約を証するため、この証書２通を作成し各自その１通を所持するものとする。

令和　〇年　〇月　〇日

（住所）　　東京都千代田区霞が関 1-1-0

贈与者　　国税　　貢　　　　　印

（住所）　　東京都千代田区霞が関1-1-0

受贈者　　県税　金太郎　　　　印

贈与契約書確認の注意点

　　贈与契約書の形式は様々なものがありますが、贈与した時期や金額との整
合性、署名、押印の確認を行います。公証人役場での確定日付があれば証
拠能力は上がります。通帳などの送金履歴とともに契約書の内容が実態に合
うかを当時の状況のヒアリングとともに進めます。他人が作成したひな型に、
名前などを自署して作成しているものは、形式が整っていないこともあるの
で、必ず確認しておいた方がよいです。

生前贈与は必ず提案すべき？

　相続税対策として、暦年贈与制度の非課税枠内（年間受贈者あたり110万円まで）で生前贈与しておくべきだという節税提案がよく聞かれます。特に金融機関は、そういった商品を相続税対策として提案しているようですので、一般の方々は生前贈与しておかないと相続税が大変だというイメージを持たれるようです。

　しかし、一概にそうではありません。それは、相続財産に含まれる現預金の割合が極端に小さいと、特に不動産を多く保有する家庭では、相続税の支払いや相続人の将来の生活に支障をきたすケースがあるからです。また、生前贈与をコツコツと行った結果として、相続開始する前に現預金がなくなり、有料老人ホームへの入居金が不足したりなどで推定被相続人の生活が苦しくなるようなケースもあります。

　相続税が高くなるから生前贈与が必要ですという世の中のウワサ話に惑わされず、相続税はどのくらいかかるのか、どのくらいの現預金を残した方がよいのかをきちんと把握したうえで、贈与税の非課税制度を活用することが望ましいと思います。贈与しすぎて推定相続人側がキャッシュリッチになってしまったなどということは避けておきたいですね。

⑨　債務・葬式費用の内容

　債務については意外と漏れやすいため、一般的な債務リストに従ってヒアリングを進めていくとよいでしょう。未払医療費や税金などは把握しやすいのですが、公共料金などは請求期間などに注意して、請求書などの書類を預かります。

　また、生前に被相続人が事業を行っていたような場合には、事業用の負債についても注意が必要です。アパート経営であれば預かり敷金や銀行からのアパートローンです。確定申告書に添付していた決算書や内訳書から把握して、銀行の返済表なども預かっておきましょう。

　次に、葬式費用は、葬儀社への支出・お寺などへの支出・法要費用の支出の3つに分けられます。葬儀社からは請求書や領収書が発行されますので、交通費や

会食の費用などと葬儀に関する収支帳の写しを預かります。お寺への支出は領収書が発行されないことも多いため、収支帳の記載やメモなどから金額を把握しておきます。

　資料を依頼するためのヒアリングのポイントは、債務であれば、税金関係の通知書、納付書関係の書類などを一括りにして関連書類をすべてくださいと伝えることです。葬儀関係の書類は、前掲の収支表と一緒に管理されているはずですので、同様にすべて預かりますと伝えます。

注意してヒアリングすべきポイント

・税金、保険関係の支出書類のすべて
・事業を行っていたかどうかの有無
・確定申告書や決算書の控え、不動産賃貸の明細
・ご葬儀の支出関係書類
・領収書のないご葬儀前後の支出の有無

【国税庁チェックシート】

種類		確認事項	確認資料	確認(✓)	該当の有無(✓)		確認書類の添付(✓)
債務等	債務	①借入金、未払金、未納となっていた固定資産税、所得税等はありませんか。	請求書、金銭消費貸借契約書、納付書、納税通知書等	□	有□	無□	□
		②被相続人の住宅ローンのうち、団体信用生命保険に加入していたことにより返済する必要がなくなった金額を債務として控除していませんか。	住宅ローンの設定契約等	□	有□	無□	□
		③相続放棄した相続人が引き継いだ債務を債務控除していませんか。	相続税申告書第1表、第13表、相続放棄申述受理証明書	□	有□	無□	□

債務等	葬式費用	法要や香典返しに要した費用が含まれていませんか。また、墓石や仏壇の購入費用が含まれていませんか。	領収書等		☐	有☐	無☐	☐

⑩　貴金属・書画骨董・趣向品・家財など

　故人の趣味や個人的な趣向で所有しているものは、とても聞きづらいものです。そのため、ヒアリングに至るまでに、聞きやすい空気感を作っておけるとよいです。それを実現するためには自宅へ必ず伺い、被相続人の生前のエピソードをきちんと聞き出しておくことが重要なポイントになってきます。例えば、被相続人の趣味が時計だったということであれば、貸金庫に時計が置かれていないか、クラシックカーが好きだったということであれば、希少価値の高い車両がガレージにあるのではないかなど、ヒアリングのポイントを気にせず切り込めることになります。

　また、絵画や書画骨董品がある場合は、その価値が相続人が聞いている価額と大きく異なることがあります。非常に高価で何千万円で買ったと遺言にあっても、鑑定に出すと無価値であったという事例もあります。美術品が出てきた場合は、写真撮影し、すぐ鑑定に出して価値を把握することが行うべき業務となります。

　筆者の例では、被相続人の趣味の話からビンテージレコードの収集が国内でも著名なレベルである方であったということがわかり、収集専用の部屋を拝見することになりました。評価額の算定にも専門家の意見を参考にすることとなり、時間も労力も費やした記憶があります。自宅へお邪魔しなかったら、趣味の話を聞かなかったらと考えると、非常に怖い感じがします。

　そして、被相続人が生前にホームページやSNSなどを用いて、その趣味に関する情報を公開していなかったなどもヒアリングしておくとよいでしょう。後の税務調査などでは、そういった部分の情報収集も行ってきますので、抜かりなく確認しておくべきでしょう。

【国税庁チェックシート】

種類	確認事項	確認資料	確認(✓)	該当の有無(✓)		確認書類の添付(✓)
その他財産	⑥庭園設備、自動車、バイク及び船舶等はありませんか。	現物の確認(最近取得している場合は、取得価額の分かる書類)	□	有□	無□	□
	⑦書画、骨董、貴金属等はありませんか。	評価明細書(最近取得している場合は、取得価額の分かる書類)	□	有□	無□	□

⑪ 国外財産の取扱い

　被相続人の財産は、その方の人生の経緯とともに形成されます。資産に余裕のある方であれば、資産運用や投資をすることもあるでしょう。また、海外での生活があった方は、現地で購入した不動産や現地国から受け取る年金などもあります。

　また、平成26年度からは、財産の合計が5,000万円を超える国外財産を所有する者について、国外財産調書の提出が必要となりました。財産ヒアリングを行った際に国外財産の状態などから調書が提出されているようなことが想定されれば、確定申告書などの有無について聞くときに、併せて調書の提出の有無を確認し、控えを入手するのが望ましいです。

　ヒアリングの流れとしては、被相続人の略歴とともに国外での資産形成が行われたかどうかを聞き、銀行口座や生命保険契約など細かい情報について把握します。相続も国際化が進んでおり、被相続人が日本国籍以外の者であった場合や、お子さんが海外に居住しており、定期的に贈与を行っているようなこともあるた

め、国外への財産移転についても、相続財産に含めるものがあるかどうかの判断が必要です。

　近年では、各国の国税当局での送金履歴などの情報交換が進んでいるようです。日本の国税当局も被相続人の資料としてこのような情報は蓄積しているでしょうから、慎重にヒアリングを進めていき、財産把握の漏れがないようにします。また相続税の調査があった場合に、疎明資料とできるように、ヒアリングの段階で事実確認と資料の整理を行えると安心できます。

注意してヒアリングすべきポイント

・被相続人の略歴とともに資産形成の場所の確認

・被相続人が資産運用や投資を海外で行っていたか

・外資系金融機関との取引はなかったか

・国外送金の有無や海外に親族が居住していないか

・国外財産調書の提出はあったか

令和　　年12月31日分　　国外財産調書合計表

住所又は事業所事務所居所など	〒		個人番号			提出用
			フリガナ			
			氏　名			
			性別　職業 男　女		電話番号（自宅・勤務先・携帯）	
			生年月日		財産債務調書の提出　有	
				整理番号		

財産の区分		価　額　又　は　取　得　価　額	財産の区分		価　額　又　は　取　得　価　額
土　　地	①		未決済デリバティブ取引に係る権利	⑫	
建　　物	②		取得価額	㋗	
山　　林	③		貸　付　金	⑬	
現　　金	④		未　収　入　金	⑭	
預　貯　金	⑤		書画骨とう美術工芸品	⑮	
有価証券 上場株式	⑥		貴　金　属　類	⑯	
取得価額	㋐		動　　産（④,⑮,⑯以外）	⑰	
特定有価証券を除く 非上場株式	㋕		保険の契約に関する権利	⑱	
取得価額	㋑		その他の財産 株式に関する権利	⑲	
株式以外の有価証券	⑧		預託金等	⑳	
取得価額	㋒		組合等に対する出資	㉑	
特定有価証券※	⑨		信託に関する権利	㉒	
匿名組合契約の出資の持分	⑩		無体財産権	㉓	
取得価額	㋓		その他の財産（上記以外）	㉔	
未決済信用取引等に係る権利	⑪		合　計　額	㉕	
取得価額	㋔				

備考　※訂正等で再提出する場合はその旨ご記載ください。

税理士署名押印	㊞	整理欄	通信日付印	確認印	異動　年　月　日	身元確認
電話番号　　　－　　　－			枚　数		区　　　分	

⑫　財産債務調書の確認

　金融資産に余裕のある方、所得が長年に渡って高額であった方、代々地主の家柄だった方など、保有資産金額や所得金額が一定以上の方はいわゆる「富裕層」と呼ばれています。明確な基準は公開されていないようですが、国税庁でも「富裕層」という用語で取り扱っています。また、所得金額の合計額が2,000万円を

超え、かつ保有財産の時価合計が国内3億円以上または国外に有価証券などが1億円以上ある方は、財産債務調書を所得税の確定申告書と合わせて提出しなければなりません。

　もし、被相続人の資産規模や所得金額からみて、財産債務調書の提出の可能性がありそうでしたら、確定申告書の控えの有無の確認と合わせて、この調書の写しについても入手しておきましょう。

　なお、財産債務調書については、財産調書を提出期限内に提出した場合には、財産債務調書に記載がある財産債務に対する相続税の申告漏れが生じたときであっても、申告漏れに係る部分の過少申告加算税等については5%軽減されると規定されており、相続税の申告財産との連携を図ることとなっていますので、提出の有無と同時に必ず内容の確認をしておきます。

注意してヒアリングすべきポイント

- ・合計所得金額が2,000万円を超えていたか
- ・国内の保有資産が3億円以上あるかどうか
- ・国外の保有有価証券が1億円以上あるかどうか
- ・財産債務調書の提出はあるか
- ・その調書と相続財産で申告漏れがあった場合のペナルティを知っているか
- ・その調書と相続財産のズレがあったか

令和　　年12月31日分　財産債務調書合計表

税務署長　　　　　年　　月　　日

提出用

平成二十八年十二月三十一日分以降用

※　特定有価証券に該当する有価証券は⑥欄に記載し、⑦欄から⑨欄の⑦の記載は要しません。

住所又は事業所事務所居所など		個人番号	
		フリガナ	
		氏　名	
		性別　職業 男・女	電話番号（自宅・勤務先・携帯）
		生年月日	国外財産調書の提出有
		整理番号	

財産の区分		財産の価額又は取得価額	財産の区分		財産の価額又は取得価額
土　　地	①		書画骨とう美術工芸品	⑮	
建　　物	②		貴金属類	⑯	
山　　林	③		動産（⑮、⑯、⑯以外）	⑰	
現　　金	④		保険の契約に関する権利	⑱	
預　貯　金	⑤		そ　株式に関する権利	⑲	
有価証券・特定有価証券を除く	上場株式	⑥	の　預託金等	⑳	
	取得価額	㋐	他　組合等に対する出資	㉑	
	非上場株式	⑦	の　信託に関する権利	㉒	
	取得価額	㋑	財　無体財産権	㉓	
	株式以外の有価証券	⑧	産　仮想通貨	㉔	
	取得価額	㋒	その他の財産（上記以外）	㉕	
特定有価証券※		⑨	国外財産調書に記載した国外財産の価額の合計額	㉖	
匿名組合契約の出資の持分	⑩		財産の価額の合計額	㉗	
	取得価額	㋓	国外財産調書に記載した国外転出対象財産の価額の合計額	㉘	
未決済信用取引等に係る権利	⑪		国外転出特例対象財産の価額の合計額 ⑥+㋐+⑧+⑨+⑩+⑪	㉙	
	取得価額	㋔	債務の区分		債務の金額
未決済デリバティブ取引に係る権利	⑫		借　入　金	㉚	
	取得価額	㋕	未　払　金	㉛	
貸　付　金	⑬		その他の債務	㉜	
未収入金	⑭		債務の金額の合計額	㉝	

備考　※訂正等で再提出する場合はその旨ご記載ください。

税理士署名押印	㊞		通信日付印	確認印	異動　年　月　日	身元確認
電話番号　　　－　　　－		整理欄	校　数		区　　　分	

⑬　デジタル財産の取扱い

　近年のインターネットの普及により、金融資産もいわゆるネットバンクやネット証券であることも珍しくなくなりました。また、仮装通貨などの新しいタイプの財産も出てきており、被相続人の財産として残されていることを相続人から把握することは非常に難しくなっています。

特に、被相続人にデジタル・インターネットの知識があり、相続人には一切その存在も伝えていなかったようなときは、ヒアリングをきちんと行わなければ財産の把握を漏らしてしまう可能性が高くなると思います。また、財産以外でも、解約を行わなければ月額課金が続いていくものが多いため、SNSなどのアカウント閉鎖作業なども含めて、それらの整理についてはサポートが必要となってきます。

被相続人が、生前にネットバンクなどのIDやパスワードを残しており、それらを遺言などに記していれば、財産の把握を進めやすくなりますが、デジタルに不得手な相続人のみの場合は、税理士などがその把握や解約のサポートを行うこととなるでしょう。これからも普及が進むデジタル時代において相続税を扱うためには、デジタル財産の知識を習得し、取扱いに精通しておかないと相続人の助けとなることができないかもしれません。また、各銀行の手続規定や被相続人の情報の取扱いなども把握し、税理士業として安全な処理体制を構築しておきたいです。

注意してヒアリングすべきポイント

- 金融資産の扱いはデジタルで行っていたか（ネットバンク等の利用があったか）
- ネットバンク・ネット証券のID・パスワードは把握しているか
- 電子メールの閲覧は可能か
- メールの受信にネットバンクなどからのものがないか
- クレジットカード明細にサブスクリプションサービスの利用がないか
- SNSなどの利用はあったか
- スマートフォンには金融系のアプリの利用があったか
- ID・パスワードを記載しているリストがあるか

突然亡くなってしまった場合、
ネットバンクなどはどのように対応するの？

　被相続人が突然亡くなると、遺言どころか財産の在りかもわからないことがあります。特にそれがデジタル財産であると、探し出すことはさらに難航します。筆者の経験では、相続人が被相続人のフリーメールのアカウントとパスワードを知っていたため、電子メールの履歴から、ネットバンクなどの取引を探し当てたということはありましたが、その場合も相続人がITリテラシーを持ち合わせていた方だったという幸運に恵まれただけだったかもしれません。これが、高齢な相続人でパソコンにも触ったことがないとなれば、財産の把握は極めて困難となります。

　ネットバンクとはいえども、一般的な銀行と同じように相続の手続きを進めていきます。被相続人に関する戸籍謄本などの書類と銀行指定の相続関係の申請書を提出し、取引残高の入手や解約手続きができますが、カードがないような場合では、何らの記録から取引していた痕跡を探して、ネットバンクへ１社ずつ手続きを行うしかないようです。このような場合は、存在を探し当て、その取引内容や残高を把握するまでにかなりの時間がかかることが想定されます。

　現状の仕組みでは、日頃からデジタルサービスのアカウント情報などは、可能な限り共有してもらうことや、遺言への記載やパスワード管理サービスなどを活用することで、突然の相続に備えるしかないのかもしれません。

　将来的には、国税庁などが主導でマイナンバーを活用した財産把握、解約手続きなどを相続人の負担なく行えるシステムを提供してもらえたら助かりますね。

3 中小企業の オーナー社長であった場合

　被相続人が同族会社のオーナー社長であった場合は、相続税の取扱いについて注意すべきです。それは、申告期限までの時間の確保という側面と、会社の相続手続きについてもフォローをしていく必要が出てくるためです。

　被相続人がオーナー社長であった場合は、株式の保有があると考えられるため、保有割合、株主構成、株価金額、事業承継税制の選択の有無など、会社存続のために確認するべき事項が多くあります。また、死亡による退職金や弔慰金の支給や被相続人の会社との貸借関係も相続財産に変動を及ぼすものであるため、資料の収集などにつき注意を要するものが多くあります。その確認の流れも大切になってきますので、項目ごとに説明します。

【オーナー会社関係の財産確認の流れ】

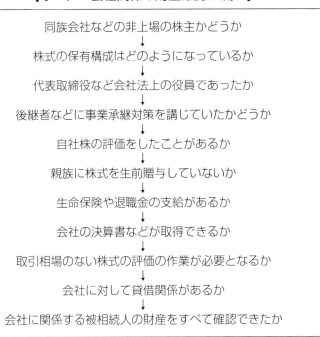

同族会社などの非上場の株主かどうか
↓
株式の保有構成はどのようになっているか
↓
代表取締役など会社法上の役員であったか
↓
後継者などに事業承継対策を講じていたかどうか
↓
自社株の評価をしたことがあるか
↓
親族に株式を生前贈与していないか
↓
生命保険や退職金の支給があるか
↓
会社の決算書などが取得できるか
↓
取引相場のない株式の評価の作業が必要となるか
↓
会社に対して貸借関係があるか
↓
会社に関係する被相続人の財産をすべて確認できたか

①　株式の保有

　株式の保有の確認は、次頁の【表1】のような、会社法上作成する株主名簿や法人税申告書の別表で把握します。また、株主構成も同時に確認できますので、後継者の状況をヒアリングして事業承継に関する情報を得ておきます。

　もし、事業承継税制などの選択があるようでしたら、相続税申告の手続きが大幅に変わってきますので、遺言の有無とともに早いうちに確認することが必要です。また、親族に株式を生前贈与しているような対策もあるでしょうから、贈与契約書や贈与税の申告書の控え、直近決算時の自社株評価書類などについても考慮しておくべきです。

　なお、被相続人の財産には直接関係しませんが、名義株がある場合には整理するタイミングですので後継者へ対応をアドバイスできるようにしておくとよいです。株式関係については、【表2】のように、所在がわからない株主がいるなど株主や株数があいまいになっている同族会社も多くあります。設立時の定款など、創設時からの書類を追いかけることができれば正確に把握ができますので、必要な書類をきちんと伝えて、漏れなく情報を取得することが大切です。他人で連絡が取れない、連絡先がわからない株主がいるような場合は時間を要するので、早急に手を打ちましょう。

【表1】

株 主 名 簿

株式会社 ○○商事

令和　2　年　1　月　1　日現在

株主の氏名又は名称	住　　所	持株
山田　○夫	東京都目黒区目黒9-9-9	50口
山田　○子	東京都目黒区目黒9-9-9	50口
	合　計	100口

【表2】

株 主 名 簿

株式会社 ○○商事

令和　2　年　1　月　1　日現在

株主の氏名又は名称	住　　所	持株
山田　○夫	東京都目黒区目黒9-9-9	50口
山田　○子	東京都目黒区目黒9-9-9	17口
山田　□男	京都市中京区9-9-9	23口
山田　△美	沖縄県那覇市9-9-9	8口
山田　○和	鹿児島県鹿児島市9-9-9	2口
	上記2名は、縁戚ですが所在が不明	
	合　計	100口

② 取引相場のない株式の評価

　株主関係の次に重要なのが保有する株式の評価額です。会社の純資産額の規模によっては、被相続人の財産において最も大きな金額を占めることもあり、そのうえ、その評価方法、評価金額は把握しやすい不動産などの評価よりわかりづらく、生前に相続税評価額を把握していないオーナー社長もいるため、取引相場のない株式は相続税に与える影響の多い財産でもあります。

　また、評価方法は保有する株式割合などにより定められており、決算書などの必要書類の精査や評価に関する複雑な処理については法人税と相続税双方の知識を必要とします。決算書にある会社が保有する財産など個別に評価が必要なものもあるため、不動産の評価や非上場会社の有価証券などについて、その財産価値の確認においても時間を要することとなります。

　取引相場のない株式については、評価の精度を上げるために相当の労力を要することは避けられません。平時から法人の税務顧問をしている場合でしたら、毎決算期での定期的な評価、株価が高いようでしたら株価を抑える対策、後継者などを考慮した株主構成を検討するならば遺言の作成や生前の自社株贈与などを税理士がサポートし、対策を施しておくことで相続時に慌てずに済むでしょう。申告期限はどんな財産があろうとも10か月以内と定められていますので、税務顧問の付加サービスとして事業承継（相続）の対策も提案しておくべきものと思います。

③ 死亡退職金・弔慰金

　会社では、社長などの役員が亡くなると、会社の制度により死亡退職金及び弔慰金が支給されることが一般的です。会社の顧問税理士であるならば、役員退職慰労金規程などの作成相談を受けたり、支給する金額についてアドバイスを求められたりしていると思います。特に、退職金や弔慰金は相続税法の取扱いで非課税と扱われる財産でもあるため、会社の制度として整備しておく必要もあり、相続が発生した場合は適切な手続きをサポートしていきます。退職金や弔慰金は規定内容や支給金額について税務上問題のないように社長が元気なうちから対策を講じましょう。

被相続人の死亡により退職手当金を受け取る場合で、死亡後3年以内に支給が確定したものは相続財産とみなされますが、「500万円×法定相続人の数」までの金額は非課税として取り扱われますし、業務上における死亡であるならば、「最終の月額報酬×36か月」までは弔慰金の非課税限度額であるため、遺族に税負担なく生活保障の資金を渡すことができます。

④　葬儀費用の区分

同族会社のオーナー社長の葬儀においては、プライベートと会社が混在するケースもあります。オーナー社長の相続税申告においては、債務控除としての葬式費用の区分も注意すべき点です。会社規模にもよりますが、社葬を単独で行う場合は、その費用は会社の厚生費などとして処理をしてしまいがちですが、遺族の主導で葬儀が行われ、合わせて社葬もとり行うような場合は明確な区分が必要となります。申告に関係する葬式費用は、個人に要した部分となりますので、とり行った葬儀の案内状や参列した人数などを根拠に個人負担と会社負担とに分けておきます。

⑤　会社との貸借関係（役員貸付金・役員借入金の取扱い）

会社の決算書や科目内訳書を精査した場合に、被相続人と会社との貸借に関する残高がある場合があります。注意を要するのは、会社の負債としてオーナーが貸し付けた借入金（役員借入金）が多額にあるときです。

相続税の相続財産としては、会社への貸付けなどであれば資産として、会社からの借入れなどであれば債務として認識する必要がありますので、仮に役員借入金という勘定科目で残高が2千万円あるならば、オーナー社長の相続では、相続財産として貸付金2千万円を考慮に入れなければなりません。

反対に、資産の部に貸付金（役員貸付金）があれば債務となります。これらの残高は相続税の計算に反映してきますので、会社の決算書だけでなく科目内訳書についても資料を手に入れ、会社のお金の動きとオーナー社長個人のお金の動きとを深読みしておく必要があります。

これらの科目の多くは、ずさんな決算処理や過去の取引が整理されずに生じているものがほとんどです。社長から要請があって処理したもの、処理の判断がつ

かなくて行き場を失った金額となったもの、税理士の対応不足によって生じているものも少なくありません。もしオーナー社長の貸借に関する残高がある場合には、解消に時間を要することもありますので、早いうちからの対策が必要です。特に相続財産として課税金額を増やす役員借入金については、長期的な計画での返済や債権放棄などの手を打って相続税の負担を増やさないことが求められます。

注意してヒアリングすべきポイント

- 同族法人の株主であるか
- 創業者や主要な保有割合過半数を超える株主であるか
- 株主名簿はあるか、名義株はないか
- 後継者はいるか
- 株式を親族に生前贈与していないか
- 自社株の評価をしたことがあるか
- 事業承継対策を講じていないか（事業承継税制利用の有無など）
- 取引相場のない株式の評価は適正にされているか
- 退職金や弔慰金の支給があるか
- 社葬としての位置づけもあった葬儀であったか
- 会社に相当の貢献があり、参列者も仕事関係の方が多かったか
- 葬儀費用の区分が会社と個人でされていたかどうか
- 被相続人の会社との貸借関係の残高はあるか
- 役員借入金などの残高の形成経緯はどのようなものだったか
- 会社の税務顧問の税理士と連絡が取れるか
- 自社株買取りなどの話があるか
- 法人契約の生命保険の支給はあるか
- 銀行などからの借入金で連帯保証しているものがないか

相続系税理士コラム

最近の事業承継の話

　会社を承継するために、創業者が親族や生え抜きの社員に事業を引き継ぐ準備をしていく、いわゆる事業承継対策は、最近制度が使いやすくなった事業承継税制とともに、中小企業などではブームと化している気がします。

　創業者が保有する自社株の時価評価により、相続税の負担も出てきますし、後継者への資本政策の提案や承継した会社の組織再編など、税理士業としては活躍の場が増えてきています。

　そして親族色の濃い同族会社は、これまでは親族内承継を進めていく傾向が強かったのですが、近年では、社員が創業者から買い取るEBO（エンプロイーバイアウト）などの親子承継にこだわらない方法も増えています。

　しかし、引き継ぐ者のあてのないような会社では、廃業か会社を売るかの選択しかありません。そこで出てきた選択肢が、企業買収（M&A）というものです。以前は、創業者の社長に「後継者が育たないからM&Aにもっていきましょう」などと言うと怒られたものですが、株価や事業の実態を知る税理士としては、社長の考え方を熟慮したうえで、売却する提案もしなければならない風潮となってきたように感じます。

　事業承継は会社の相続とも呼ばれます。社長の考えをしっかりヒアリングして、会社存続には何がベストなのかを税理士は一緒に考えていかなければなりませんね。

4 相続税申告を行ううえで 相続人に確認しておくべきこと

　相続税の申告業務においては、このように様々な内容をヒアリングして事実を
きちんと洗い出していく作業を積み重ねます。それらの事実を、根拠資料により
相続財産と確定し、最終的に相続税の税額が決まることになります。それらは、
財産目録や遺産分割協議書といった書面で残ることもあります。税理士としては、
最終的に相続人に対して、被相続人の財産はこの内容でいいのか、財産の評価金
額は異論がないか、相続税の負担金額を各相続人に同意してもらったかなどの、
相続税申告について相続人から確認を得ながら業務を進めてきたことを、業務の
処理の証拠として形にしておくことが必要だと思います。

　被相続人の財産に漏れがなく、申告する内容についても異論がないことを確認
する「確認書」という書式できちんと残しておきます。それらは、相続税申告の
最終段階で、申告内容の同意とともに、相続人全員から署名をもらうようにしま
す。そのようにしておくことで相続人間でも合意が取れますし、後々聞いていな
いなどというクレームも防止できるでしょう。

　確認書の内容は、日本税理士会連合会の書式サンプルを次に紹介しますので活
用ください。

確 認 書

平成　　　年　　　月　　　日

○○市○○△‐△‐△　　　　　○○○税理士事務所（又は税理士法人）殿

　被相続人　　　　　　　の平成　　年度の相続税申告書の作成及び申告、調査の立会いについて、下記の通り確認いたします。

記

1. 上記相続税の申告等の業務上知り得たことは、他に一切口外はしないと貴税理士事務所（又は貴税理士法人）の関係者は確約して下さい。
2. 相続税の申告後において、貴税理士事務所（又は貴税理士法人）及び私ども相続人等の双方の合意なしに財産及び債務の変更はしません。
3. 相続税法に従って評価及び申告処理を行い、申告書の提出及び納付の責任は、相続人にあることを承知しております。
4. 相続人は、貴税理士事務所（又は貴税理士法人）から要請のあった財産及び債務それらに関連する資料をすべて貴税理士事務所（又は貴税理士法人）に提出いたしました。
5. 重要な偶発事象及び後発事象はありません。
6. 申告及び納付に重要な影響を及ぼすおそれのある計画又は意思決定はありません。
7. 貴税理士事務所（又は貴税理士法人）の相続税申告一覧表の確認はしました。

以上

　　　住　所
　　　相続人　　　　　　　　　　　　　　　　　　　印

　　　住　所
　　　相続人　　　　　　　　　　　　　　　　　　　印

　　　住　所
　　　相続人　　　　　　　　　　　　　　　　　　　印

認知症であるかのように奥様の前で装ったご主人

ご主人の遺言を作成したいので相談に乗ってほしいと、あるご夫婦の自宅へ伺ったことがありました。ご主人は少し認知症の状態にあるかもしれないということで、もしかすると遺言の作成は難しいと伝えておきました。筆者も心配していたので弁護士に同席を依頼して、同行してもらいました。

居間にご主人がおり、話を始めてみましたが、とぼけたように昔話をしてばかりで、一向に話が落ち着きません。遺言の件について話し始めても聞く耳を持ってくれませんでした。弁護士と目を合わせて困ったねとうなずくしかありませんでした。

そんな中、たまたま奥様がお茶菓子を買いに出かけることになったのですが、出かけて少し経った頃、ご主人が「遺言の件ですが」と突然明朗に話を始めたのです。「いろいろ経緯があってな。あいつ（奥様）だけの財産だとは思っていないんだよ。」としっかりとした口調で話されたので弁護士とびっくりしてしまいました。「だけど、あいつも残されたら1人だし、すべて渡してもいいと考えているから、そのような遺言を作りますよ」と続けて言うので、さらにびっくりしましたが、弁護士はそこをきちんと拾い、作成しましょうと同意を得ました。

後日、公証人を連れて医師同席のもと自宅で公正証書遺言を作成したそうです。そして、奥様の前ではまた意味不明な話を繰り返していたそうで、どこまでが芝居なのかわからずじまいでしたが、その後に相続が開始となり、無事に遺言は執行されました。奥様も無事に相続し、相続人間での争いは起きませんでした。

第 4 章

ヒアリング問答集

　第 4 章では、税理士と相続人が被相続人の情報を確認するために、具体的なケースを設定し、そのヒアリング方法を会話形式でみていきます。

1 初回の面談時

税理士Zが、相続人の自宅へ訪問し、遺言の有無や遺産分割協議の方向性について相続人代表である長男Aさんに尋ねる場面です。

Z はじめまして、税理士のZと申します。この度は突然のことでお悔やみ申し上げます。

A わざわざご足労いただきましてありがとうございました。本日は、わからないことや不安な点がございまして、アドバイスをいただけたら助かります。よろしくお願いいたします。

Z 早速ですが、お亡くなりになったお父様はご長男様には遺言を残されていましたか？

A いいえ、急なことで残しておりませんでした。

Z 生前に、皆さまに言い残されたようなこともございませんでしたか？

A 記録にはありませんが、不動産は長男の私にと言っておりました。

Z 言い残されたことしかないようでしたら、相続放棄をされる方以外のご相続人で遺産についての分割協議の手続きが必要となります。なお、相続放棄は3か月以内に、相続税は10か月以内に手続きが必要となります。

かなり忙しいスケジュールになるんですね。うちは母を早いうちに亡くし、私のほかに兄弟が2人ですが、2人とも地方在住なので一度に集まれるタイミングは少ないかもしれません。 A

Z そういうことでしたら、Aさんに相続人代表として今後のやりとりを進めさせていただけると助かります。

はい。分割する内容については全員集まったときに話して決めてしまいます。

Z では、そのときまでに財産の把握をして、相続税の課税の有無も把握ができているとよいですね。お手数ですがご協力をお願いいたします。

はい。わかりました。

解説とヒアリングポイント

　このケースは遺言がなく、長男Aさんが相続人代表となり、今後の業務のとりまとめをしてくれるため、居住地区がバラバラな相続人に時間を要さず時間に余裕があります。また、遺言がなくても言い残した内容により、分割協議の一部が決まっていきますので、方向性もみえてきます。この場面でのヒアリングの精度により、初動をどのように進めるかが決まりますので、最も重要なポイントともいえます。もしこの場面で、相続人のうちに仲が悪い兄弟がいたり、連絡がとれない者や未成年者がいることがわかれば、未分割による申告、小規模宅地の特例の適用、特別代理人の選任などを考慮に入れる必要がでてきますので、タイムスケジュールが10か月以内に収まるかどうかの不確定要素が明確になります。

初回面談でのポイントは、コミュニケーションを取る相手のタイプを探ることと、全体を見通すためのスケジュール感を拾うことです。

☐　遺言の有無について確認する。

☐　生前の意思を聞き分割協議へ進めるようにする。

☐　分割内容のイメージを持つ。

☐　遺族の中でとりまとめ役が誰かを把握する。

☐　申告までのスケジュール感を共有する。

2 相続人全員との面談時

税理士Zが、財産の確認と遺産分割協議の前提としての税額試算のため、相続人である妻Aと長男夫妻B、長女C、二男Dが集まる自宅へ伺う場面です（■の続き）。

Z
税理士のZと申します。Bさん、この度は相続税に関するお仕事のご依頼をいただきましてありがとうございます。

B（夫）
本日は、関係者が皆集まりましたので、父の財産についてひとつひとつ確認し、どのように分けるかの前提として相続税の影響がわかればと思っています。

Z
承知しました。お父様のことにつき、失礼にあたることもお聞きしてしまうかもしれませんが、ご理解賜れましたら助かります。まずは、お父様の財産の管理はどのようにされておられましたか？

A
主人はすべて自分で管理し、財産一覧を作成していました。どのようにするかは、皆で決めてほしいと生前話しておりました。

Z
そうですか。それはありがたいことですね。あとは、皆様のお気持ちを聞かせていただき、税金の負担も考慮してどのように分けるかのお話をさせていただければと思います。

C
私は、お兄ちゃんがこの自宅をもらうんだろうから現金がいい（笑）

そういうストレートな言い方しかできないのかなあ。
B（夫）

Z
Bさんはこちらでご両親とご同居されていたんですよね。残されたお母さまも寂しくなるでしょうから。引き続き、ご同居されるというのは多くあることですよ。

そうね。生前からBには住み続けてほしいと思ってはいたからね。
A

Z
そういうことでしたら、ご自宅はお母様かBさんが取得すれば税金面でも優遇策が使えますので、皆さんの相続税負担も軽減されることとなります。

では、お母さん、自宅は私たちが取得する方向で検討したいです。残りの金融資産をCちゃんとD君で分けるようにしますが、よろしいですか。
B（妻）

いいと思うわよ。お父さんはCとDには家を買うときの資金として住宅資金の贈与をして３人のバランスを取るようにしていたからね。
A

Z
では、そのような形で相続税の試算を進めてみます。分割協議の概要はみなさんで話合ってください。

解説とヒアリングポイント

　このケースは、相続人が一堂に会して遺産分割協議の大枠についての話を進めるという非常に注意すべき状況です。両親と同居していた長男の奥様も同席するのですから、さらに慎重さが求められます。私見では、いわゆる長男の奥様には同席してもらうことを遠慮してもらうようにしてもいい場合もあります。例えば、母と仲が悪かったり、生前に父とうまが合わなかった

などで場の雰囲気が険悪となることもあるためです。

　次に、財産の把握については、被相続人の管理が行き届いているケースでしたので、相続税の有利不利を考えながら、家族の将来的な方向性も想像してみます。また、他の相続人へのバランスも考えて、ヒアリングした財産を税効果も考えながら、うまく充てることができれば、分割の軸がみえてくるようになりますので、Cさんのような意見を引き出せると話は進みやすくなります。

　しかし一方で、財産が自宅と現預金しかないような場合は、金額のバランスに不満を持ち、自宅の共有持分も分けてくれというような事態になりかねません。お伺いするまでに依頼人のBさんから家族の状況を事前に把握しておけば険悪なことは避けられるでしょう。うまくまとめないと、相続税の申告期限及び未分割のリスクが出てきます。少しでも心配があるということならば、このケースの最終決定者と思われる母に話を預けてしまうことも手です。

　相続人が一堂に会して話を進める場合は、事前の情報取得と当日顔を合わせたときに感じる空気感でヒアリングポイントを決めます。

□　業務の依頼元が長男であることを皆に共有する。

□　財産などの件につき忌憚なくヒアリングすることのお断りを入れる。

□　財産の管理（家計のハンドリング）は誰が、どのようにしていたか聞く。

□　配偶者から被相続人の生前の状況を聞く。

□　分割内容と税金の優遇に関係があることを理解してもらう。

税理士Zが、被相続人の財産について漏れがないように妻Aと長男Bと確認を進める場面です（**2**の続き）。

> **Z** この内容で遺産分割協議書という書類をご作成いただき、ご署名とご実印の押印が整えば、皆様の意思でご遺産を分けたという手続きが完了します。

> **B** 相続税がどうなるのか心配です。それぞれいくら位になりそうですか？

> **Z** 概算はすぐ計算できるのですが、お父様の作成された財産一覧について、私たちが相続財産として判断するものが漏れていることがあるかもしれませんね。その場合には、相続税の計算が過少になってしまうことがありますので、先ほどお渡しした略歴シートを見ながら質問をさせていただけると助かります。

> **B** はい。わかりました。よろしくお願いいたします。

> **Z** こちらのシートは、お父様の出生からお亡くなりになるまでの人生をなぞるものです。学歴、職歴、お住まいの移り変わりと多岐にわたり記入していきます。

> **B** 父が生涯でどのくらい財産を残しているかを推測できるのですね。

Z そういう側面もあるかもしれません。商社時代に米国駐在の時期があるとのことですが、その際に不動産を購入したとか、その時代からの定期預金をまだ向こうの銀行に預けてあるというようなことはございますか？

夫は、海外の財産は相続税が課されないから一覧には入れていないようなことを言っておりました。米国の銀行から毎月、郵便は届いています。 A

Z ありがとうございます。そちらは課税対象となる可能性がありますので、その郵便物をお預かりできますと助かります。

Z 趣味が時計、金貨収集とありますが、どのようなものでしょうか？

はい。父はビンテージ時計に関する情報をブログなどで発信していて、そのコミュニティでは有名人だったようです。価値があるか私にはわかりませんが貸金庫に数点保管しています。 B

Z ビンテージの時計や車は、価値の変動がありますので、ブランドや形式によってはかなりの価値が付くものもございます。恐縮ですが、貸金庫のものを、次回拝見できればと思います。当方でお写真を撮らせていただきまして簡易鑑定により金額把握を試みてみます。

そんなことになるのですか。時計なんて形見分けみたいなことで税務署に知らせるなんて頭はまったくなかったです。

もちろん、売り買いするときに高値が付くようなことがなければ知らせる必要はありませんよ。こちらも価値がわからなければ判断ができません。掛け軸や絵画などの美術品のときはほとんどの場合で高額になることはありません。

解説とヒアリングポイント

　遺族が相続財産をすべて出し切ったと思い、相続税が気になってきたところ、略歴書を基にした税理士のヒアリングから、国外財産や時計収集の趣味を引き出す流れとなりました。被相続人が財産に入らないと思っていたこと、相続人が財産に入れる必要のない趣味のものと捉えていたことが原因ですが、それとなく話題を提供し会話が広がると、話はしてくれるものです。「相続財産から漏れたら大変ですからお伝えくださいね」という詰問するようなトーンは避けて、話してもらえるような状況を作り出すことに注力したいです。

☐　相続人が財産についてすべて話したとしても、さらに深掘りしてみる。

☐　被相続人の略歴を追うことで、自然な話の中から聞き出す。

☐　趣味などの財産については、相続税が課税される前提を伝える前に、どのようなものであったかという興味から聞いてみる（相続人に警戒感を与えないと思われます）。

4 被相続人について聞く場合②

税理士Zが相続人の自宅へ訪問し、所有していた不動産などについて相続人代表である長男Eさんに尋ねる場面です。

Z：お父様はご自宅以外に不動産を所有しておられましたか。

E：はい。アパートを2棟持っていました。

Z：それらのアパートについては、不動産所得として確定申告などをされていましたか。

E：申告は自分でやっていたようでして、手書きの申告書がありました。

Z：そうですか。アパートの土地や建物に関する情報は取得されていますか。

E：いえ。私は不動産に詳しくなく、詳細は把握しておりません。

Z：それでは、4月頃に届いている固定資産税の通知書はお持ちですか。

E：それならば、先日支払いましたのであります。それで何かわかるのでしょうか。

Z　はい。その課税明細という欄に、登記簿と同じように所有している土地の情報が記載されていますので。ほとんど把握ができます。

それだけで足りますか。　E

Z　いえ。それ以外の必要事項は、その課税明細で把握した事実を基に、当方で書類を入手して、確認してまいります。

そうですか。自分たちで探していくものと思っていましたので非常に助かります。　E

```
┌─────────[ 解説とヒアリングポイント ]─────────┐
```

　このケースでは、相続人が不動産に詳しくなく、保有していた事実から固定資産税の通知の有無へつなげていきます。固定資産税通知の明細が手に入れば、私たちも名寄帳の取得ができますので、相続人が把握しやすい書類などを提案して情報を引き出すことがポイントです。

- □　どのような不動産を所有していたかを探る。
- □　固定資産税の明細から実態を確認する（名寄帳を取得する）。
- □　相続人が不動産に不慣れな場合は、税理士が代行して資料を取得する。

5 相続人の状況を尋ねる場合

税理士Zが、相続人の自宅へ訪問し、相続財産の概要や遺産分割協議の方向性について、相続人代表である長男Fさんに他の相続人の実情などを尋ねる場面です。

Z 遺言がなかったということでしたので遺産分割協議が必要ですが、正直なところ、相続人の皆様でそのようなお話はされたことがありますか。

F まだ、そのような話には至っていません。突然のことで、葬儀などを済ませるのが精一杯で、皆に財産の話まではできておりません。また、長男である私が、両親と同居していたので、財産の管理を少ししていたこともあり、他の相続人からは、遺産を隠したのではないかなど、いやな感じで見られている気がします。

Z そうですか。それは財産をすべて把握して相続人と協議する際には、疑義がない状態にしたいところですね。

F 実際のところ、父が亡くなるまでに高額な医療費を父の口座から出して支払いをしていたりするのは私がやっていたので、そういう目で見られることは非常に不満です。

Z 被相続人と長年同居していた場合は、どうしても
そのようになってしまうようです。お父様の生活
費の通帳やアパート収入の通帳などは5年分くら
いお手元にご用意できますでしょうか。

はい。できます。それで納得してもらえますでしょ
うか。

Z 私どもが相続財産に漏れがないようにヒアリング
させていただく内容と関わってきますので、皆様
に相続税の観点から確認しましたよとそれとなく
説明させていただきますね。

それは助かります。どうぞよろしくお願いいたし
ます。

解説とヒアリングポイント

　このケースでは、両親と同居する長男が、遺産の使い込みのような嫌疑を
かけられそうな場合に、それぞれの相続人の温度感をヒアリングして、相続
税の対象財産として漏れがないようにするため専門家の見地から確認が必
要であることを理由に、現預金の流れを最低でも5年は追いかけて、長男が
そのようなことをしていないという事実を証明していくことを試みていま
す。普段、疎遠な相続人は昔から兄貴ばかり得しているというやっかみを持
ち、相続をきっかけに仲が悪くなってしまうこともあるため、税理士がきち
んと整理し、争いを防ぐ役割も担っていきます。

☐　相続人間で財産のことで不穏なことは起きていないか。

☐　被相続人の財産管理は誰であったか。

☐　その財産管理は適正なものであったか。

6 現預金の把握をする場合

税理士Zが、相続人である長男のGさんに被相続人の保有していた現預金について尋ねる場面です。

Z: お父様の生前の現預金の管理はどのような形でしたか。通帳の記録を拝見しますと、毎年年末に現金として引き出しているものがありますが、どのような内容か把握されていますか。

G: はい。それは、手元に置いておく現金として引き出していたもののようです。

Z: そうですか。しかし、引き出した金額とお父様の生活費を考えていくと、生活費で全額費消したとはみえないので、一部は現金として手元にあったのだろうと推測しますがいかがでしょうか。

G: いえいえ。手元にはなかったのですよ。それは、毎年贈与に充てていた部分もありました。

Z: それならば、納得がいきますね。贈与はどちらへですか。

G: 贈与の内容も確認が必要になってくるのですか。

Z: はい。相続人が贈与を受けていたとなると、相続開始前3年以内のものは相続税の負担となるので注意が必要です。

　被相続人の現金管理についてのヒアリングです。生前にどのような入出金をしていたのかを確認することで、財産形成との整合性や現金の贈与などでの動きを把握することができます。

☐　現金の管理はどのような形であったか。

☐　口座から引き出している入出金額での推測金額と現金残高と整合性が取れているか。

☐　現金残高が推測金額とズレている場合は、贈与の有無なども確認する。

相続系税理士コラム

手書きの相続通信から相続税申告の紹介が連続した話

　筆者が相続税の仕事をしはじめた頃に、手書きの相続通信を発行して、お客さまに配布していました。ある美容院に置かせてもらっていたのですが、それを見てくださったご婦人から、ご主人が亡くなったので相談に乗ってほしいと依頼があり、相続税の申告をサポートしました。さらに、その申告の際にやりとりした長男から、大学の友人が自宅の相続で困っているとの紹介がありました。東京西部の豪邸に伺い、財産も多く大変でしたが、申告までこぎつけました。その相続業務の最中に、今度はその相続人の奥様から友人で相続が開始して税金の手続きに困っている人がいると、またまた紹介となりました。手書きの相続通信を配布して、1年くらいの間での出来事でした。

　たった1枚の案内から、信頼がつながりお客さまから紹介してもらえる、相続がこれほど醍醐味のある仕事とは正直なところ思いませんでした。今でもこのご縁は不思議でなりません。

7 中小企業のオーナー社長であった場合（会社の相続編）

オーナー社長であるHさんが亡くなったため、長男である専務Iさんと社長の妻で常務Jさんから会社の今後について相談があるとのことで、税理士Zが訪問する場面です。

Z 先月、H社長は健康そうでかなりお元気でしたのに、とてもびっくりしております。

I はい。持病もなかったですし突然のことで参っております。そして、会社については今までこんなことが起きるとは想定もせず、何も準備をしてきていません。私自身もこの会社に入って間もないこともあり、これから何をしたらいいのでしょうか。漠然とした不安があります。

J 社長は何となく会社の承継にも手を付けようかと考えていて、Z先生に今月の月次ミーティングでお話しようとしていた矢先なんです。

Z そうでしたか。私からもそれとなくお話していましたが、社長が機嫌を悪くされてしまうこともあって、承継を進めてくださいというのはなかなか強く言えませんでした。

J 仕方ありません。人間の寿命はわかりませんし、あの人だけの哲学を持っていましたので、頑として聞かなかったでしょう。

会社はお客様も従業員も動揺させることなく継続していかなければなりません。まず何をすべきでしょうか。遺言や生前にこうしたいと言っていたこともありませんでした。

そうですね。まずは会社の新しい体制を決めて、社長が亡くなることで影響が出てくる部分を把握して、それらに対して手を打たなければなりません。相続人は、専務と常務のお2人だけですし、株式も社長が100%の株主でしたので進めやすいと思います。

臨時株主総会を開いて代表取締役を選ばないといけませんね。

はい。そういう手続きが必要となりますが、お2人で株式をどのような配分で相続されるかを決めていただいてから動きます。

私は、社長が行っていた営業はできませんし、もう現役でも頑張ることは難しいから、相続税の負担に問題がなければ、専務に100%相続してもらいたいと考えています。

株価は直近の決算後に評価してありまして、相続税の負担は個人でかけていただいていた生命保険金でカバーができる範囲内ですので心配ありません。専務は代表取締役への就任に異論はございませんか？

はい。なんとなくそういうときがきたらと覚悟は
していましたので、社長として頑張ってみます。

また、ご葬儀の日取りはこれからでしょうか。葬
儀に関しても、会社として執り行うのか、ご家族
で執り行い会社用の受付を作るかなど、体裁や費
用負担により会社のスタンスを決めておく必要が
あります。

いきなり、そういう判断から迫られるのですね。
故人に恥をかかせないようにしっかり対応を考え
たいと思います。

解説とヒアリングポイント

　家族で経営する会社で社長が急逝してしまったケースです。
　Z税理士が法人の税務顧問もしていたため、株価や相続税の試算も済ませ
ており金銭的な不安は少ない事例です。事業承継としても、息子を役員にし
ていたため、承継される会社もとりあえずのところ継続していけるという状
態にあります。この場合、後継者は突如舞い降りる社長という重責を全うし
ようとするので、手続き面や金銭的負担については、見えなくなりがちです。
その不安を取り除き、きちんとフォローができるようなトークの流れにして
いけるとよいです。

☐　顧問税理士として、会社の承継についてどのような流れとなるかを整
　　理したうえで方向性を示して話を進めると後継者の不安が減ります。
☐　後継者に進めなければならない手続きや決断事項を示して、先代の考
　　え方なども踏まえてアドバイスできれば、後継者の覚悟も引き出すこと
　　ができるでしょう。
☐　いわゆる事業承継の一シーンですが、顧問税理士が法人と相続業務を
　　双方フォローできると、会社の存続にも安心と安全を確保できることと
　　なります。

　オーナー社長Hさんが亡くなったため、長男である専務Iさんと社長の妻で常務Jさんから会社の今後について相談があると税理士Zが訪問する場面です（**7**の続き）。

> **Z**
> 会社の相続は、株式相続と代表取締役就任、銀行手続きなどが済めば、ひとまずよいかと思いますが、表裏一体となるのが、H社長個人の相続手続きです。相続税の試算はさせていただいていましたので、先ほどのようなご遺産の取得について、何を、誰にということを決めていかなければなりません。

> **J**
> 財産については、Z先生にほとんどお伝えしていたと思いますが、預金や金融商品は、ざっくりとした金額のみでしたね。

> **Z**
> そうです。またご趣味であった骨董品のコレクションについても詳しくはお伺いできていません。また、ご自宅と賃貸アパート2棟、先代のお父様から相続された地方都市のワンルームマンション5室の不動産については、試算の際は、仮にですが、奥様のJさんに相続させるとして計算しております。

> **I**
> おじいちゃんから引き継いでいる遺産もあるのか。

Z はい。早いうちに売却してしまおうとご相談を受けていましたが、賃料収入も安定して入っていましたので、そのままでした。

J 会社で定めた役員退職慰労金規程というのもこのタイミングで活用されるのですよね。

Z こちらは、社長個人の本来の相続財産ではないのですが、死亡退職金と弔慰金という名目の金銭を会社からお支払いすることになります。個人で契約された生命保険金も同様です。

J 会社関係は息子に、不動産関係は私に、金融資産は半分ずつということでどうかしら？

I Z先生、相続税の負担や母の老後などを考えるとバランスがいいのでしょうか。

Z 会社の株価がそれなりに高く、Iさんへの生命保険金の受取りも多くなっています。また収益が得られる不動産がありますので、お母様へのご心配も少ないです。結果として素晴らしい遺産の残し方をされたと思います。

I では、そのように進めていきましょう。手続きなどお願いいたします。

Z 預金や金融資産については、残高証明書などの別途必要書類リストをお渡します。骨董品の収集については、お2人は何かご存知ですか？

実は、ほとんどわからないのです。今度自宅へいらした際に見てもらってもよいでしょうか？　J

Z　では、お伺いした際にお写真を撮らせていただいて、簡易鑑定を行って金額を出してみますね。それ以外に、先代のお父様から何か相続で譲り受けていて貸金庫に預けたというようなものはございますか？　差し支えなければ、次回に創業者様の相続税の申告書と貸金庫の内容につきご教示いただければ助かります。

承知しました。準備しておきますね。　J

解説とヒアリングポイント

　会社の相続に続き、次は社長個人の相続のヒアリングに移り、ご遺族の引き継ぐ財産や負担する相続税の話となってきます。具体的な分割内容や会社の財産も踏まえた将来的な財産形成を考慮する必要があり、熟慮を要するタイミングとなります。また、会社を引き継ぎ、息子と老後の生活を見据えた母の取得する財産についても気を配っておきたいところです。税理士としては、遺言作成も踏まえて事前の準備や対策をしておきましょう。

□　後継者と相続人との立ち位置の違いを理解し、今後の会社運営や財産管理に支障がないように話を進める。

□　先々代の創業者の相続にも範囲を広げて相続財産の漏れがないようにしておく。

□　会社の財産と個人の財産を相続税の特例等による税効果も考慮して評価金額を把握しておく。

9 デジタル財産が存在していた場合

税理士Zが、被相続人の長男KさんとKさんの母Lさんに相続税について相談を受け、自宅と預金だけのシンプルな手続きですということでヒアリングを終わりにしようとした場面です。

> **Z** 遺言もありませんでしたので、ご自宅はお母様のLさんが取得され、残高証明書にある銀行預金は息子さんのKさんが取得するという方向性を決められたということですから、相続税もそれに従って試算しますと、申告手続きは発生しますが、ご自宅の土地の評価に特例が適用できますので、相続税の負担はゼロになりそうです。

> **L** そうですか。結構な税金を納めないといけないかと不安でしたが、ひとまずホッとしました。

> **Z** 念のためですが、お父様は退職されてから、年金収入だけの収入で、銀行口座もこの口座だけで管理しておられたのですよね。

> **K** 私は同居していなかったので正確には把握できていないのですが、そうだと思います。母は、父のお金のことには全く関与してませんし、興味もなかったようです。

> **Z** 貴金属や美術品などの収集もなく、ご趣味もお金のかかるものではなかったとのことでしたよね。

K　自室も物が少なく、財産関連のものもまとめてありました。

Z　パソコンで何かなさっていたなどはございますか？　上場企業を退職されているような方のケースですと、ITスキルもおありになるので。

K　パソコンはそれほどでもありませんが使っていたようです。ただし、財産の管理に活用することも聞いたことはありませんし、会社に関わる退職金などの財産はすべてアナログで管理しているはずです。ただ、フリーメールのアカウントとパスワードは、手帳にメモがありましたので、一度ログインしてメール履歴を見ておきますね。

Z　ありがとうございます。あまり気分のよい作業ではないと思いますが、念のためということでお願いいたします。

…… （1週間後、Kさんから税理士Zへの電話） ……

K　Z先生、父はインターネット上で預金と株式を管理していることが分かりました。メールの履歴からネットバンク2社と証券会社2社の利用がありましたので、そちらに残高証明書の発行依頼をしておきました。いやいや、びっくりしましたよ。

Z　そうでしたか。それは驚きですね。私個人としても税理士として恥ずかしい結果になるところでした。恐縮ですが、残高証明書が届きましたら、写しをお送りいただけると助かります。

承知しました。これで相続税の負担は発生しそうですね。 K

Z 資料を頂戴しましたら再計算いたしますが、そのようになるかと思います。

解説とヒアリングポイント

　遺族が故人のシンプルな生活から相続財産はこれだけしかありませんと最終決定しようとした矢先に、被相続人の経歴などから税理士のヒアリングにて、デジタル財産が発掘されたケースです。近年では、当たり前となってきたネットバンクなどの利用でも、書面や郵便などの形が残らないものは、相続財産として把握漏れしてしまうことがあります。

☐　デジタル財産は、多種多様な形態となっており漏らしやすい。

☐　被相続人の略歴などからIT活用の有無をヒアリングする。

☐　故人が財産の内容について誰にも共有していなかったようなケースは注意を要する。

10 名義預金がある場合

　税理士Zが、相続財産の検討のために、被相続人所有の預金通帳について相続開始前5年間の履歴を同居相続人である息子Mさんから見せてもらっている場面です。

> M　5年間も通帳の入出金まで把握しないといけないのですね。

> Z　はい。私たちも税務署の方のようですねと言われてしまうこともあるのですが、預金の動きというのは、相続税の申告時にも、後に来るかもしれない税務調査時にも重要になってきます。

> M　堂々と贈与しているならば問題ありませんよね。

> Z　そうですね。その贈与が民法上の双務契約として成立しているか、契約書などの形式や贈与された方の認識があるかなど、様々な面から確認して条件が揃えば心配はありません。

> M　父は、ここ数年間は介護付き老人ホームで生活しており、施設費用や医療費などの支出も多く、そのやりくりは私が行っていました。

> Z　それが毎月引き出している100万円ですか？

> M　そうです。どうしてもそれくらいはかかるんですよ。

Z 実は、施設利用費や医療費の領収書などでお父様に要する一般的な生活費を算出しますと、これがすべて充当されているかどうかがわかります。

M あっ。そういう計算をするんですか。実は、毎月浮いている分は、現金として保管しているんですよ。

Z それなら計算が成り立つかもしれません。お父様の資産として扱うこととなり、相続税の対象として申告することとなりますね。

M 後は、父の指示で、孫名義の定期預金を組んだことがあります。

Z 通帳の保管や銀行の届出印の管理はどなたがされていますか。

M それは、父が全部行っていました。しかし、毎年110万円の範囲内の贈与として孫名義へ変えているのですから、父の財産にはならないんじゃないでしょうか。

Z そうですね。理屈としてはそのように理解してよいかと思います。しかし、実態としては、贈与されたお孫さんの自由にはできない定期預金ということになります。それは贈与したということになるのかどうか。この取扱いが難しいのです。

M まさか、相続税対策として進めてきたこれも相続税の課税対象にしなくてはいけないのですか?!

Z まだそう判断されたわけではありません。この
ケースは業界用語で名義預金といいまして、税務
署の調査があると必ず確認される点ですので、実
態と形式としっかり確認させていただきたいと思
います。

簡単ではないのですね…。 M

　銀行通帳の履歴を把握して、親族への振込みや大きな金額の引出し、定
期的に引出しのある金額などを淡々とヒアリングしていきます。現金として
申告の対象としなくてはならないもの、いわゆる名義預金として検討をしな
くてはならないものをきちんと拾えるようにします。相続税の税務調査では、
非違事項の最たるものですから、遺産金額が大きくなくとも調査で修正する
ことになってしまいますので、しっかりとヒアリングをしておきましょう。

☐　預金の出入りについて事前にメモをしておいてもらうとヒアリングしや
　　すくなります。
☐　相続人が一番神経質になる財産ですから、質問の仕方や言い方のトー
　　ンには十分注意しておきます。
☐　名義預金は形式と実態のチェックポイントをまとめておきヒアリング
　　し、判定結果を確認書として残しておきましょう。

第 5 章

相続人の心をつかむ
聞き方・話し方のテクニック

　第 5 章では、相続人にヒアリングしていくうえで、相手が話しやすくなる聞き方や話し方の技法をみていきます。

相続に関する仕事は、とてもデリケートに扱わなくてはならない事柄が多くあります。そのため、税理士と相続人で信頼関係を構築し、話しやすい環境を作って業務を進めていくことが求められます。ヒアリングする側に聞き方や話し方の心構えや工夫があれば、相続人も質問に答えやすくなります。さらに、相続人に好意を持ってもらい、心を開いてもらえればヒアリングも進めやすくなる相乗効果があります。

テクニックとは大げさな表現な気もしますが、相続人に感謝される仕事ができるようになるためには、必要不可欠なものです。税理士しかできない相続人とのコミュニケーションを取るには、どうしたらよいのでしょうか。

1 心がけること

① 事前につかんでおくべき情報

相続案件に関する話題には非常に神経を使います。下手を打つと、税理士の余計な一言で争いに発展してしまうこともあります。特に、相続人間での話し合いに参加するようなときは、意見を求められる場合もあるため、立場を決めて言うべきことを準備しておきます。

紹介者がいるような場合は、事前に被相続人の生前のお話や家族の状況などを把握しておき、触れてはならない話題を拾っておきましょう。ヒアリング業務の進行をスムーズにするためにも、事前のヒアリングリストに触れてはならない話題をNGリストとして記載しておけば、うっかりしてしまったということもなくなります。

② 相手に好意を持ってもらうために

相続は争いごとばかりで、険悪なシチュエーションばかりだというような風潮も感じられますが、そんなことばかりではありません。遺族とのやりとりで険悪な場面があったのは、筆者の経験からみればどちらかというと稀です。また、年

配の方とのコミュニケーションは先方の応対に無駄がなく、今思うと自分の対応に恥ずかしくなる過去も多くあります。相続人との関係を良好に進めていくために相手に好意を抱いてもらうことは、申告完了までのお付き合いを考えると最も重要なことです。笑顔や言葉遣いに注意して好意的に接しましょう。

③ 話の進め方と時間配分

次に、相続人との面談をどのように進めていけばよいか、案件を受託する前の初回相談時と受託後の財産ヒアリング時の2つのパターンでみていきます。面談時の失敗のケースでよくあるのが下記のパターンです。

(1) 初回の相談時の失敗

・いろいろな質問に答えてしまい単なる無料相談で終わった。
・相手が一方的に話し続けてきたためヒアリングできなかった。
・業務報酬の見積もりに必要な事項を聞き漏らしてしまった。
・電話の問い合わせで相続人の困りごとを聞き出せず、見積もりにつながらなかった。
・専門的な話ばかりを一方的に話してしまった。

(2) 財産ヒアリング時の失敗

・思い付きと勘でヒアリングをした結果、財産漏れが出てしまった。
・チェックシートに従うのみで機械的にヒアリングしてしまった。
・相続税の仕組みを伝えなかったために、申告する財産の意味について理解させられなかった。
・税務調査のようなヒアリングを行ってしまい、相続人の気分を害してしまった。
・平易な言葉遣いばかりで話していたら、知識が浅い税理士なのかと相続人に不安を与えてしまった。

初回面談時の、相続案件の依頼が受けられなくなってしまった失敗談は、税理士報酬にもつながるため、切実な問題です。一番最初のヒアリングは、相談者の

不安が解消されるように応対ができるか、信頼がおける税理士である伝えられるかなど、とても重要な相続人との接触です。また、目的を持たない面談では、相談者の一方的な質問ばかりで、無料相談会といった結果になってしまい、時間と労力を無駄にしてしまうこともあります。

　そのような事態にならないように、初回面談時において相続人の心をつかむためには、事前の電話連絡時などや電子メールで、相続人が抱えている不安なことなどをヒアリングしておき、面談時の目的をきちんと設定しておくことが重要です。また、そうすることによって相続人の信頼度は上がると思います。税理士目線としては、申告業務の受託につながるため、不安を安心に変える提案を業務の流れをみせて、契約につなげる動きも大切です。

　初回面談時の留意点と理想の時間配分は、次のようになります。

初回面談時の留意点

・面談前にお困りごとをヒアリングし、面談で解決策を検討する。
・相談者の具体的な質問事項には回答せず、業務の流れを話す。
・相談者が報酬金額だけ知りたいようなケースは、業務内容をきちんと説明し、専門家の仕事である認識をしてもらう。
・税務知識を披露しすぎて自己満足に終わらないようにする。
・相談者のニーズと相続税申告の有無をはっきりさせる。
・申告業務の依頼がその場で決まらない場合は、次回の相談日や連絡する日を決めておく。
・依頼を検討しますと持ち帰るのであれば、後日にフォローを入れる。

【理想の時間配分】標準面談時間：60分
挨拶とアイスブレイク（5分程度）
↓
事前に聞いたお困りごとの確認（5分程度）
↓
相談者に一方的に不安を話してもらう（10分程度）
↓

　　　　　　　　　　　　　　　↓
解決プランを示しながら財産の概要をヒアリングする（10分程度）
　　　　　　　　　　　　　　　↓
簡易的な試算をして相続税申告の有無を判断する（10分程度）
　　　　　　　　　　　　　　　↓
報酬見積金額と申告までのスケジュールを提示する（10分程度）
　　　　　　　　　　　　　　　↓
業務を依頼されるのかどうかをヒアリングし、
次回以降の動きをイメージさせる（10分程度）

※アイスブレイクでは、紹介者があればその方の話題、共通点があればその
　内容などからリラックスするきっかけを作ります。盛り上がり過ぎても、
　相手が話に乗らな過ぎてもその後がうまくいかない印象があります。「つ
　かみ」では深入りせず、終わった時間の様子をみて、話しの続きをするの
　が面談クローズ後の後味がよくなります。
※不安を話してもらう際や、面談の一番最後辺りで被相続人についての話を
　してみると話の流れがうまくつながっていく感じがあります。

　次に、受託後に相続人に被相続人の財産のヒアリングをするケースについてみ
ていきます。初回面談時は、どちらかというと「お見合い」といった側面が大き
いのですが、この段階のヒアリングでは、相続税の専門家として、ヒアリングし
たことについての責任が発生してくる場面でもあるため、丁寧にかつ慎重に進め
ていくことが大切です。このタイミングでも相続人は不安を抱えている状態です
から、その不安を拾って、解決策を提示していく面談にしなければなりません。
では、どのようにヒアリングを進めていけばよいでしょうか。
　まずは、被相続人の思い出話をきっかけに、略歴をたどっていきます。略歴か
ら財産形成の背景を確認できたら、チェックシートに沿って財産の種類別に相続
税の対象とするものをチェックしていきます。その中に美術品や名義預金などの
存在が把握できたら、被相続人の背景と照らし合わせて、検討事項としておきます。
　また、相続人が相続財産ではないと勘違いしているものや、隠しておきたいと

思う財産もヒアリングで判明することもあります。その場合は、仮で課税対象としておき、後ほど検討するというくらいに留めておきます。最終の相続税が予測の税額から増えてしまうと、やりづらい状態になってしまうので税額は大きく予測しておきましょう。基本的な流れとしては、このようになります。

ただし、専門的な判断が出てくるような話では、相続税の仕組みを相続人に理解してもらった方が進めやすくなりますので、レクチャーを挟みつつ進めてもよいと思います。

また、財産の所在などを問い詰めすぎて、税務調査を受けているように感じて気分を害される方もいます。そのようなことがないように、ヒアリングの行い方、ものの言い方や言葉遣いは、十分に気を遣うべきであると思います。財産についてのヒアリングの局面では、相続人との信頼関係が醸成されていないと、その後も業務が円滑に進まないので、良好な関係性を構築しておくに越したことはないでしょう。

財産ヒアリング時の留意点と理想の時間配分は、次のようになります。

初回面談時の留意点

・確認したい項目を明確にしておき、時間の予測をしておく。

・まずは、依頼していた書類の確認が最重要ポイントとなるため、漏れなく押さえていく。

・収集した書類を確認する際は、その場で相続人に探してもらうようなこともあるため、財産ごとに必要な書類を決めておく。

・チェックシートに従って機械的に、かつ洞察力をもってヒアリングを進めていく。

・ヒアリング中に新たに判明する財産も出てくるため、相続財産として申告対象とするのかどうか、根拠となる資料とともに確認する。

【理想の時間配分】標準面談時間：60～90分

挨拶とアイスブレイク（5分程度）

↓

本日の面談の目的の確認（5分程度）

↓

↓

事前に依頼していた書類などの確認（５分程度）

↓

財産の詳細と収集した書類につきヒアリングする（30〜60分程度）

↓

解決しなかった事項を確認する（10分程度）

↓

次回までの双方の課題（５分程度）

初回の面談時は、最も重要な時間となります。財産については部分的に把握するのではなく、骨格をつかむ感じでヒアリングを進めます。深掘りは、個々の財産についてのヒアリング時に行います。

相続税申告完了までにヒアリングを行うタイミングは次のような流れが一般的です。

初回面談時の相続関連事項と財産概要の確認

↓

書類確認と財産確定のためのヒアリング

↓

遺言や遺産分割協議内容による相続税税額のドラフト確認

↓

追加で把握した財産の確認と財産評価金額の確認

↓

財産の漏れがないことを確認して最終の財産目録作成
相続税最終税額の確認

↓

相続税申告書及び各相続人の納付税額の確定
確認書の受領

↓

相続税申告書の提出

なお、初回の面談時の記録シートは、次のような書式にヒアリング内容を記録します。

初回面談シート（相続税ヒアリング用）　　　年　　月　　日（　）

ご氏名		担当税理士		担当

ご住所	TEL／メール

【基本ヒアリング事項】 （相続開始日） （相続放棄） （遺言・分割） （準確定申告） （その他）	【相続人と関係図】　（　　　人）

【財産の状況】	【事前把握ポイント】
	【ご不安ごと】

【相続税試算】　　（基礎控除　　　万円） 全体税額 一人当たり税額 小規模宅地特例 配偶者軽減 障害者・未成年者控除	【相続人コミュニケーションタイプ】 【報酬見積】 【次回へのアクション】 アポイント　　月　　日　　時

あいさつ・アイスブレイク（5）→事前リストヒアリング（5）→相続人トーク（10）→解決ヒアリング（10）
→簡易試算（10）→見積・スケジュール（10）

④　姿勢とメモの取り方

　相続人との面談では、相続人の話題があちらこちらに飛んだり、思い出話などで長時間となることも多くあります。また、初回面談時より、様々な情報を拾っていく必要があるため、聞き漏らしてしまうと、申告内容を確定する段階となって再度話を伺わなければならないこともあります。

　ここで、意識しておくことは、話を聞くときの姿勢とメモの重要性です。まず、姿勢は、背筋を伸ばして、話している相続人に顔を向けて、体で聞くようにします。聞く側としては、相続人の話す内容にうなずいたり、話しやすくなるような言葉を挟んだり、話しやすくなるような工夫もいれます。また、ヒアリング時に投げかけた質問に明確な回答が出てこないこともありますが、そのときは時間をかけてヒアリングを行ってみましょう。心の中で早く終わらないかなとか回答が違うんだよなと思うと顔に出てしまったり、雰囲気が伝わってしまったりして、相続人とうまくコミュニケーションが取れなくなることもあります。相続人が話しやすい状況を作っておくことが大切です。

　次に、メモの取り方です。メモを取る内容はヒアリングのタイミングによって異なりますが、基本的には相続人とのやりとりをすべて記録できるようにします。初回の面談では、相続人はどのようなことを聞かれて、何を答えていくかもわからない状態から徐々に慣れていきますので、話の内容も飛びがちですが、横道にそれた話題でも被相続人の情報のヒントがあったりします。そして、財産の内容についてのメモは情報量が非常に多くなりますので、財産ごとにメモできるようにヒアリングシートを工夫しておくとよいでしょう。

　また、面談ごとに議事録を作成しておくことも役立ちます。上記のメモから質疑応答をまとめておけば、お互いの言った言わないも確認ができます。さらに、その都度出てくる次回までの課題なども把握できますので、面談時にまとめて、終了時に写しを渡しておくことにより、業務の効率もアップします。複写式の面談シートを作成しておく、または、スマートフォンなどでスキャンしデータで交付するなどの方法もあります。しっかりとヒアリングし、記録をシェアしお互いに漏れのない業務を進めていくことで相続人からの信頼度も上がり、申告内容も順調に固まっていきます。

⑤　話の終わらせ方

　ヒアリングを進めていくと、相続人は徐々に話をすることに抵抗がなくなり、申告内容以外の質問や将来への不安なども話してもらえることがあります。財産内容の確定のために様々な情報を得ることは大切なことではあるのですが、関係のない話題で盛り上がり、面談時間が長くなることもあります。その際にヒアリングする側は、時計を頻繁に見たり、手元のものをいじったり、姿勢が崩れたりと耐え切れない気持ちが動きに出てきます。しかし、余談で盛り上がることは必ずあることです。相続人に気持ちよく話してもらうことと気分を害さないような対応を心がけることが望まれます。例えば、相続人が一人暮らしの未亡人であったりすると、いろいろと話す相手が少なくなり、被相続人の思い出話を誰にもできません。財産確定のために、細かいことや難しい内容を聞かせてもらうのですから、可能な限り、話したいことを話してもらうのが理想だと思います。

　筆者の時間コントロールとして、ヒアリング事項は短時間にまとめて集中して聞き、終わりにしてしまいます。そして、終わったあとに好きなだけお話を聞くことにしています。イメージとしては、プラス1〜2時間でしょうか。結果として時間は長くなりますが、相続の仕事だからそういう相手になることができるんだとありがたく思っています。

　しかし、どうしてもお話を終わりにしなければならないときもあります。そのときは、タイミングをみて、相続税申告の話題に戻し申告までのスケジュールなどを再確認させてもらうようにします。そして、途中だった話題については、次回に伺う約束をして、必ず次回に話してもらうようにしています。相続人の寂しい気持ちや不安な気持ちに寄り添うことで、よい申告を遂行できる部分もあるのです。

　機械的なヒアリングのみで話を終わりにせず、少し遊びの部分もあった方がうまく進んでいくのかもしれません。

2 聞き方

① 質問のパターン

　相続人によりヒアリングの方法は変えておくべきだと思います。それは、相続人のタイプにより、感じ方や反応などが異なるからです。それぞれの特性に合わせて、しっかりと聞き出せるように、話の振り方や質問の仕方を変えていきます。それぞれのパターンをみていきます。

(1) 高齢な相続人の場合
　高齢な方の場合は、とにかく質問の内容を平易な表現とします。角度を変えて伝えても回答が得られない場合は、一度やり過ごしてタイミングを変えたりすることで思い付くこともあります。また、記憶が曖昧だったり、話してることが的を射ていない場合は、答えとなると思われる内容を用意して、伝えてみることで理解してもらえることもあるので、焦らず、あきらめず根気強く進めていくとよいでしょう。

(2) プライドの高い相続人の場合
　このケースは、物の言い方に最大限の注意を払います。特に、税金が課税される内容となると身構えることがあり、法律なので仕方ないでしょうといった気持ちを見せてしまうと、気分を害することが多いです。しかし、相続税の対象となることは理解している場合が多いので、相手の回答の内容を受け止めて、頭ごなしに否定することなく、「もしかすると相続財産として課税の対象となる可能性があります。」「他の財産（課税されると認めた）と同様な財産ですね」などと、クッションワードを入れてから、徐々に時間をかけて理解してもらっていけば、最後は問題なく同意が取れると思います。

(3)　自分の主張を曲げることに抵抗がある相続人の場合

　前述のプライドが高い相続人と似通ったパターンではありますが、一度主張をしたことに対して、後に引けなくなってしまうような方もいらっしゃいます。この場合は、相手の主張をきちんと理解し、受け入れることでその場を終えるようにしておきます。そして、次回面談の冒頭あたりで真正面からこちらの主張を伝えることで理解を得られるようにタイミングを変えます。次の面談までの間にクールダウンして考え直してくれることも多いので、回答を急がないことが大切です。

(4)　無関心な相続人の場合

　逆に、被相続人のことや財産内容などに無関心な相続人もいます。母に一任しますと言われたり、兄貴がいるので主張は控えますなどいろいろなケースがあります。この場合は、相続人としての意見を知りたい旨をきちんと伝えつつ、こちらのヒアリング事項はすべて伝えておくことが望ましいです。次回面談時までに、相続人間での話合いには参加するはずなので、無理に意見を求めることは避けます。こちらのヒアリング事項を、「お伝えしなければならないことです」と断ったうえで聞くだけ聞いてもらい、次の面談時に再トライすることとします。

②　故人の話題はどう振るべきか

　相続税申告業務は、当たり前のことですが、亡くなった被相続人の情報を聞き出さなければ進みません。税理士の業務としては、最終的に税金を確定するための情報だけを求めればよいのですが、流れとして、被相続人の足跡や生前のお仕事の状況を伺って、遺産のボリュームと見合うかなどを推測していかなければなりません。しかし、家族の歴史には、簡単に触れられないことも多くあります。その場合は、いきなり財産の話をするのではなく、まずは家族の仲や被相続人の関係性などを探りつつ、思い出話のような話からスタートできると生前の関係性などの温度感がわかったりします。関係が良好そうであったら、忌憚なくどういった人柄だったのか、どのようなお仕事をされていたのか、趣味や収集しているものがあったかなどを聞き出していきましょう。

　しかし、場合によっては、生前に相続人との仲が険悪だったり、財産のすべて

を被相続人が管理していたことで聞き出せないこともあります。最終的に家族の反応を見ながらとなりますが、まずは、亡くなったことへ哀悼の意を示しつつ、聞かなければならない事項のリストを渡しながら、順を追って進めていくしかないこともあります。状況も把握せずに聞きたいことを伝えるだけでは関係が悪化することもあるので、話の始め方には十分に気を配っておきます。特に、被相続人が相続人と関係が良好でなかった場合は火に油を注ぐようなことにもなりますので注意が必要です。

③　利害関係が対立した場合はどうするか

　被相続人の財産の話を進めるうえで必ず出てくるのが、相続人の誰が、何を相続するかという話です。遺言があれば比較的スムーズに進みやすいのですが、その内容のとおりにするのか、または分割協議に進むのかという選択肢もあり、非常に緊迫する場面となります。

　遺言執行や遺産分割の際に弁護士が受任されている場合はよいのですが、相続人は、税金のこともあるためか、税理士同席のタイミングで相続内容を決めようとすることも多くあります。その際に、遺言内容や分け方のことで、相続人間で、知っていた、聞いていないなどのやりとりになり、その場が凍りつくときもあります。また、遺言や生前の意向がないときは、まったくゼロからの分割協議となりますので、相続税負担の見地からどのような相続の仕方があるのかパターンを提示していくなどの対応策を取り、極めて慎重に進めることが求められます。

　どうしても利害が対立する場合には、税理士としては、情報を与えることで解決の糸口を探します。税金の負担が各相続人どのくらいとなるのか、二次相続の場合の負担はどうなるのかなど、税負担の切り口で話が進むことも多くあります。しかし、相続においてはお金では解決されない部分もあります。そのようなときは税理士としては税金のバランスを調整する役割を果たせばよく、それ以外の感情的な部分にまではコメントしない方がよいでしょう。方向性が定まらないならば遺産分割を弁護士に依頼することです。

④　聞きにくいことをどうやって聞くか

　相続関係の話では、ヒアリングの内容がプライベートな部分に至ることも多く、

通常お伺いすることとしては失礼にあたるようになることもあります。また、財産の存在や税金はきちんと払いましょうなど他人の財布を覗くようなことや倫理的なことも伝えなければならないこともあります。

また、被相続人の個人的なライフスタイルや所得、財産の形成など亡くならなかったら誰にも話さなかったようなことも知っていきます。最期のときもどこで、どのように生活し、どのような病気になって亡くなったのかなど、個人のプライバシーに関わる内容にも触れなければなりません。

このように相続税申告業務では、一般的なインタビューのような空気感では聞けないことの連続となります。しかし、適正な申告のためには必要不可欠なことです。聞き方や言葉の選び方に注意しないと相手の感情に触れてしまいますので、話の流れや表情、NGなフレーズや話題を感じておき、相続人を傷つけないように丁寧に進めていきます。

⑤　申告に関するリスクを回避するために聞くべきこと

税理士は最終的に適正な相続税申告を完遂することが目標です。被相続人の財産を確定するために漏れなく、評価や特例選択の間違いを起こさずに、責任をもって業務をクローズさせなければなりません。しかし、私たちの業務は税務代理であって、相続人が納得した内容を申告書という形にして、同意を得たうえで申告をするというのが大前提です。そのためには、その都度相続人への確認と同意を確定していかなければなりません。では、申告のリスクを回避するために具体的にどのようなことを聞いて、確認をしておくのがよいのでしょうか。次のようなポイントを押さえるべきと思います。

　・確定した遺産分割協議の内容と、税負担について異論はないか
　・被相続人の申告すべき財産として漏れはないか
　・申告すべき財産の評価金額に異論はないか
　・特例の選択において、税負担とともに異論はないか
　・二次相続も考慮して異論はないか

これらを、面談時の議事録などで同意が得られていることを記録しておき、財

産については、最終確定の財産目録に署名、押印を頂くことで漏れがない同意を同時に得ておきます。また、特例選択や税額については、小規模宅地評価減や取得した財産按分割合の端数処理なども税負担に影響があるので確認書という形で同意を得ておく必要があるでしょう。申告内容については、申告書への押印で同意をもらえますから、内容につききちんと説明し納得頂くことで、税理士と相続人がお互いに協力し合って完成させたものとして税務署へ提出するという意識付けをして理解を得ておきます。

3 話し方

① 話すスピードとトーン

　相続人への話し方についてですが、話すスピードや声の大きさには個人差があるため表現しにくい部分もありますが、例えば、自分の話し方が相続人にとって心地よいかどうかを、様々な相続人との面談時の反応を見ながら探るとよいと思います。高齢者の場合はどのようなトーンがよいのか、耳が聞こえづらい方にはどれくらいの声の大きさがよいのか。ひとつのパターンの話し方には収まらないと思いますが、経験を積んでいくうちに使い分けが身に付くように思います。

　全体的に効果があったと思うものを紹介すると、次のように挙げることができます。

・話すスピードは、通常話しているスピードから２〜３倍ゆっくりにする。
・声の大きさは、少し大きめに、アクセントをつけてはっきりと区切る。
・話すトーンは、抑揚をつけずに一定の方が伝わりやすい。
・伝える内容を区切るところで、長い間をおく。
・相手のトーンが高ぶるような場合は、最初だけ高めにしてゆっくりに戻す。

このような技法を相続人のタイプごとに合わせてみると、ヒアリングがうまく

進んでいくと思います。コツとしては、顔の表情は豊かにして、トーンは一定にという感じでしょうか。ロールプレイングなども通して、自分の型を身に付けるのがよいかと思います。

②　専門用語を使わない

　相続税の申告業務のためには、どうしても難解な用語を使わなければならない場面もあります。しかし、相続人は税務に関しては素人ですので、アレルギーを起こすこともあり、何を言っているのかわからないことも出てきます。その場合は、専門用語をまったく使わないようにしてみることです。特例の説明などは、平易な言葉を用いて図にして説明してみる、それぞれの用語を何かに言い換えてみたり、例え話を活用してみたりすることを繰り返すと、相続人にも理解しようとする気が起きてきます。相続人がヒアリングの内容がわからなければ、回答は引き出せませんし、何がどうなっているのかがわからなければ申告内容の同意を取り付けることも至難の業となります。

　つまり、言葉遣い以上に税理士の説明力が大切となります。税法を適用する内容などは、要件をひとつひとつ分解して、わかりやすい説明を心がけます。子供にも理解できるような、明瞭完結な説明力を身につけておくと、本当にスムーズに話が進みやすいです。とかく難しい言葉を使ってしまう傾向にありますが、プロとしては人の役に立つことが宿命ですので、税務の専門家としてしっかりと役目を果たしていきたいものです。

③　誠意ある応対と"感じ"がよいこと

　人とのコミュニケーションでは当たり前のことかと思いますが、人は好ましい相手であれば心を開きます。そして、相続人との関係を大切にしているんだという気持ちが伝わると、好意的に協力してもらえるように思います。税理士は、相続に関する税の問題において、相続人が困っているから依頼があるのだと思います。そのご縁に感謝し、被相続人と相続人に報いなければならないと毎回の相続の業務で感じます。

　相続人はひとつひとつの所作や応対について税理士を見ています。そこに熱意や誠意が込められれば、相続人に伝わります。そして、月並みではありますが、

人となりや雰囲気が感じのよいものでないと、コミュニケーションも円滑にはなりません。相続人から協力を得るには、相続人を知り、好きになり、好きになってもらうことが重要なことだと思います。原則的には10か月という期間しかありませんが、その中でいかに良好な関係を構築できるか。それは、税理士の心構えで決まります。基本的には一期一会な仕事ですが、だからこそ気を抜けないとも思います。

4 人間力

① 表面的な部分だけを見ない

相続に関する業務では、書類や相続人から伝えられること以外に、表面的には見えていないところが大切なことがあります。それは、相続人間の問題であったり、財産形成の歴史の中に眠っている事実であったりします。被相続人の人生を、お金を軸に紐解いていく非常に特殊な仕事です。

税金を無駄なく申告すればいいというのではなく、その家庭がどういう過程を経てきたのか、これからはどうしていくのか。相続財産にある行間を読んで、税務を通して、相続人に被相続人がどのような方であったか伝えることも私たちの役目です。人と人の心に接する難しい仕事ではありますが、人の人生に関わり幸せや感動を与えてくれるような貴重な経験もできます。相続人の幸せが何かというのは私たち税理士はわかりませんが、そのヒントになるものを提供できる素晴らしい役割があると思います。

② 被相続人の生涯財産の幕引きの役目

相続税の申告を完了させて、被相続人の財産を見通して、次の世代の相続人に継承させていき、被相続人の名義も変更し、銀行口座も解約していく、そんなエンディングを履行できるのは税理士という職種しかありません。戸籍謄本から見える被相続人の生き様、相続人からヒアリングして知る人生と財産の足跡、それ

らを次世代が幸せになるように、税務を最適化することはもちろんのこと、つないでいくことが私たちに求められた役割なのだと感じます。被相続人の人生とともにあった生涯の財産の幕引きをさせてもらう、そんな責任が重く、意義深いことに携われることは他にはありません。

③　遺族の将来をサポートすること

　被相続人の人生をきれいに幕引きをすると同時に、相続人には将来があります。相続がその将来を明るくすることもありますし、残念ながら暗くすることもあります。私たち税理士は、その将来のために相続人のサポートをしていかなければなりません。二次相続に困ることもあるでしょうし、相続した財産があってもお金に困ることもあるでしょう。被相続人にもらったご縁は、相続人にもつながっていきます。

　そして、遺族が悲しみを乗り越えて、次の人生を歩んでいけるよう、税務を切り口として役に立てるような信頼をつなげていくことは、税理士としては大変光栄なことです。そのような役割を担えるように、相続において役立つ人間力を身に付けて、相続税申告業務に携わっていきたいと感じます。

【著者略歴】

後藤　勇輝（ごとう　ゆうき）

税理士法人タックスウェイズ　代表社員
税理士　行政書士

　1974年生まれ。東京理科大学経営学部卒業。青山学院大学大学院ビジネス法務専攻修了。大学在学中に起業後、経営学修士を取得。全日空商事株式会社勤務を経て、税理士法人タックスウェイズを設立。法人顧問を軸としたサービスを主として、資産税・不動産税務、事業承継税務のコンサルティングを専門としている。

【主な著書】
『国税庁ホームページ超簡単ナビ』（中央経済社）、『チャートとチャットで早わかり不動産の税金鉄板ガイド』（中央経済社）、『オーナー社長のための税務調査完全対応マニュアル』（共著：あさ出版）

【Twitter】
@yukigototaxways

税理士法人タックスウェイズ

　目黒・赤坂見附で活動している税理士法人で、行政書士業務、事業承継業務、富裕層財産コンサルティング、FPサービス、認定支援機関業務などを提供するタックスウェイズグループに所属する税務コンサルティング部門。

　主な業務は、法人税務・相続税務・不動産税務・国際税務。

　地元密着型の税理士サービスを展開することで、地域経済発展のインフラのひとつになることがグループの経営目的である。

　「タックスウェイズに関わるすべてのヒトに感謝し、会計・税務を通して、相手よし・自分よし・みんなよしを実現する」ことをミッションとする。

著者との契約により検印省略

令和2年8月20日　初　版　発　行

税理士のための
財産の洗い出しに係る
相続人へのヒアリング

著　者	後	藤	勇	輝
発 行 者	大	坪	克	行
印 刷 所	株 式 会 社 技 秀 堂			
製 本 所	牧 製 本 印 刷 株 式 会 社			

発行所　東 京 都 新 宿 区　　　株式　税 務 経 理 協 会
　　　　下落合2丁目5番13号　　会社

郵便番号 161-0033　振替 00190-2-187408　電話(03)3953-3301（編集代表）
　　　　　　　　　　FAX (03)3565-3391　　　(03)3953-3325（営業代表）
　　　　　　　　　　乱丁・落丁の場合はお取替えいたします。
　　　　　　　　　　URL http://www.zeikei.co.jp/

ISBN978-4-419-06723-6　C3034